炎上社会を考える

自粛警察からキャンセルカルチャーまで

伊藤昌亮

成蹊大学文学部教授

752

中公新書ラクレ

はじめに

「炎上」という語が「ネット炎上」を意味するものとして使われるようになったのは二〇〇五年ごろからのことだ。特定の話題をめぐってネット上に投稿が殺到し、収拾がつかない状態になってしまうことを意味するものだが、当初はとくに「ブログ炎上」を、それも匿名掲示板のユーザーなどから仕掛けられたものを指すことが多く、この現象自体がまだ局所的なものだった。しかし二〇一〇年代になると、SNSの普及とともにその裾野が大きく広がり、より一般的な現象となっていく。

そうした経緯を検証するために筆者はかつて、「炎上」という語を見出しに含むニュース記事を、過去のものからすべて収集してみるという作業に当たったことがある。それによれば二〇〇〇年代後半には、専門的なネットメディアのものを中心に年間数十本程度しか見られなかったそうした記事が、一〇年代になると急増していき、とくに「バイトテロ騒動」が世を騒がせた一三年以降は、年間数百本単位で現れるようになる。さらに二〇一〇年代終盤になると、その数は千本以上にもなる。

筆者は当初、この現象の変遷過程を明らかにすることを目指していたため、さまざまなケースを分析する作業に取り組んでいったが、しかし途中でやめてしまった。数が多くなりすぎたこともあるが、そもそもこの現象があまりにも一般的な、というよりも日常的なものとなってしまったため、それ自体のあり方を分析することにあまり意義を感じなくなったからだ。

というのもこの現象は、今日の社会にとって特異なものではもはやなく、むしろそのあり方を忠実に映し出しているもの、いわば社会の鏡の一つとなっている。だとすればそこに映し出されている像から、社会そのもののあり方を分析することのほうがむしろ重要なのではないだろうか。つまり今日の社会がどんな対立構造を持ち、いかなる紛争状況を抱えているのか、さらにその背景にはどんな社会構造があり、時代状況があるのか、それらの点を考えることにこそ意義があるのではないだろうか。筆者はそう考えるに至った。

社会学者のD・メイヤーとS・タロウはかつて、デモなどの社会運動が特異なものではなくなり、日常茶飯事として絶え間なく繰り返されるようになった社会を「社会運動社会」と呼んだ。そうした見方に倣えば、今日の社会は「炎上社会」と呼ぶことができるだろう。だとすれば必要なことは、炎上という現象について考えることよりも、むしろ炎上社会という現象について考えることなのではないだろうか。そうした問題意識のもとで書かれたのが本書だ。

つまり本書の意図は、炎上という現象の構造を分析することではなく（そのための研究にはすでに優れたものがさまざまにある）、そうした現象をかくも夥《おびただ》しく呼び起こしてしまう今日の社会、すなわち炎上社会の成り立ちを分析することにある。言いかえればこの現象のメカニズムを解き明かすことではなく、その社会的な意味と文脈を明らかにすることだ。そのためそこに意味を与えている要素、とくに感情、欲望、イデオロギーなどの様態に着目するとともに、その文脈を成している要素、政治や経済などの動向にも目を向けていく。

とはいえ一冊の短い本で社会の全体像を描き出すことはできないだろう。そこで本書では、いくつかの時事的な事例に即し、具体的なケーススタディーを通じてそのさまざまな相を探っていくこととする。

なお、それらの事例は必ずしもネガティブなものばかりではない。言いかえれば本書では、炎上という現象を必ずしも「悪いもの」として捉えているわけではない。ある種の社会運動を作り出しているケースなど、「良いもの」としての事例も取り上げている。より正確に言えば、「良いもの」ともなり「悪いもの」ともなるような両義的な動きとしてこの現象を捉えている。

ここでこの現象をめぐる政治的な枠組みについて確認しておこう。意味の問題を考えるためには、政治的な問題、とりわけイデオロギー対立の問題を避けることはできず、その枠組みを踏まえて考えていく必要があるからだ。

今日の社会では多くの社会対立が、いわゆる左右対立、すなわちリベラル派と右派とのイデオロギー対立という枠組みの中で生じている。炎上という現象もまた、そこで一方の集団が他方の集団を一斉に批判したり攻撃したりすることに伴って生じることが多い。

とはいえそうした構図が、この現象の形成にストレートに結び付いているわけでは必ずしもない。多くの場合、その背景には単純な左右対立の構図に還元されることのない、もっと「モヤモヤ」した何かがあり、それがその「熱源」となっているのではないだろうか。

そうした「モヤモヤ」にアプローチするための一つの見立てとして、本書では新自由主義（ネオリベラリズム）というもう一つの立場をそこに組み込み、やや異なる視角から問題を考えてみたい。ただしここで言う新自由主義とは、経済学的な意味でよりも、どちらかといえば社会学的な意味で用いている概念だ。

つまり市場原理のもとでの自由競争を重視するという経済政策上の理念が、人々の意識の中に浸透し、内面化されていった結果、やがてその生き方を律し、振る舞い方を規定するものとなる。そうして作り出されていった社会生活上の規範を捉えるために、本書では新自由主義という概念を援用している。したがってそれは、経済政策としての考え方よりも、むしろ社会規範としての振る舞い方を意味するものだ。そこでは評価のための競争が絶えず繰り広げられ、監視のもとでの制裁が絶えず繰り出されることになる。

実はそうした一面が、炎上社会の重要な構成要素となっているのではないだろうか。つまり炎上という現象は、単純な左右対立の構図からストレートに生じるものでは必ずしもなく、新自由主義というもう一つの立場がそこに組み込まれることで、加速されていくという一面を持つものなのではないだろうか。その際、そうした立場は左右両派の立場と柔軟に結び付いていく。一方では右派との間に、新保守主義と新自由主義との結び付きという立場を作り出し、他方ではリベラル派との間に、といってもそうと意識されることはないだろうが、リベラリズムとネオリベラリズムとの結び付きという立場を作り出す。それらの立場が抗争を繰り広げながら織り成しているより複雑な構図が、この現象の土台となっているのではないだろうか。

こうした見立てを一つの指針として、以下、いくつかの事例を見ていくことにする。

まず第1章で取り上げるのは、コロナ禍に伴って現れてきた動きだ。コロナ禍は社会の歪みをあぶり出し、さまざまな対立や紛争を呼び起こすことになったが、そこから現れてきた動きの一つに「自粛警察」と呼ばれるものがある。その背景にある社会状況を分析することで、今日の社会が抱えている問題について考えてみたい。

続いて第2章では、炎上という現象とSNSとの関係について考える。SNSを通じて人々がどう振る舞うことで、この現象がどう作り出されていくのか。また、その背景にはどんな動機があり、欲求があり、さらに社会状況があるのか。「バイトテロ騒動」と呼ばれる一連の騒動から、これらの点について考えてみたい。

炎上という現象は、しかしそうした騒動のたぐいを生み出すだけではなく、ある種の社会運動を作り出し、世論の担い手となることもある。そうしたケースに当たるものとして、第3章では「ハッシュタグアクティヴィズム」と呼ばれる動きを取り上げる。そのポジティブな面、ネガティブな面の両面について考えてみたい。

また、そうした動きの中でも今日、最も複雑な様相を呈しているのは差別をめぐるものだろう。つまり「差別主義」に対抗し、「反差別運動」が繰り広げられている一方で、さらにそれに反発し、「反・反差別主義」という立場から、ヘイトスピーチやフェイクニュースなどが生み出されている。第4章ではこれらの動きについて考えてみたい。

一方、炎上という現象は特定の個人に向けられると、人を傷つけ、ときに死に至らしめるものともなる。とくに芸能人などに向けられる「誹謗中傷」は、単純な反感から生じるのではなく、むしろ共感のねじれからもたらされるようなことが多い。第5章ではこの問題と、その背景にある社会状況について考えてみたい。

ただしそうして個人を追い込んでいくような動きも、ある種の社会正義と結び付くことで、マイノリティに力を与え、社会運動の有効な手段となることがある。そうしたケースに当たるものとして、第6章では「キャンセルカルチャー」と呼ばれる動きを取り上げる。その論理と背理という、やはり両面について考えてみたい。

これらのケーススタディーを通じて、炎上社会のさまざまな相を探っていくことにしよう。

目次

炎上社会を考える

自粛警察からキャンセルカルチャーまで

第1章

自粛警察と新自由主義

災厄とともに繰り返される正義の暴走

コロナ禍が勢いを増しつつあった二〇二〇年の春、「自粛警察」と呼ばれる動きが話題を呼んだ。外出、移動、店舗の営業などを自粛するよう要請されているにもかかわらず、それに従わない「自粛破り」を厳しく取り締まろうと、一般の人々の間で繰り広げられた自警団的な動きを指すものだ。

営業している店舗や外出している集団を見つけると、その旨を警察に通報したり、SNSで晒し上げたり、はては脅迫まがいのビラを店舗に貼り付けたりするなど、さまざまな制裁行為が繰り広げられ、大きな社会問題となった。また、域外から来た自動車に傷を付けるなど、より過激な犯罪行為も見られた。その暴走ぶりはすさまじく、同年五月には当時の菅義偉官房長官が、「法令に違反する場合は関係機関で適切に対処したい」と言明したほどだった。

当時、諸外国では罰則を伴う法的な措置により、ロックダウンが課されるなどして行動制限が行われていたが、日本ではそうした措置を取ることが困難だったため、各自が行動を自粛するよう政府から要請されたのみだった。ところがそれが利きすぎたのか、自粛を徹底しようという動きが暴走し、そのため逆の意味での法的な対処を考えざるをえなくなったというのは、何とも奇妙なことだった。

こうしたヒステリックな「正義の暴走」は、しかしこのときに初めて現れたものではない。とくに二〇一〇年代を通じて、大規模な自然災害などの災厄に見舞われるたびに問題とされてきたことだった。例えば二〇一六年四月の熊本地震の直後には、「不謹慎狩り」と呼ばれる動きがＳＮＳ上に横行した。被災地の状況に配慮し、浮ついた行動は自粛すべきなのに、そうした規範に従っていないとして、一部の芸能人などに激しいバッシングが浴びせられた。例えば女優の長澤まさみは、友人たちと笑顔で写っている写真をインスタグラムにアップしただけで不謹慎だとされ、削除することを余儀なくされた。

また、これら一連の動きの原点に位置するものとして、二〇〇四年四月のイラク人質事件を思い浮かべることもできるだろう。イラク戦争の影響で渡航を自粛するよう要請されていたにもかかわらず、現地に渡った三人の日本人が武装勢力に誘拐された事件だ。日本政府による交渉の末、三人は解放されたが、帰国した彼ら彼女らには猛烈なバッシングが浴びせられた。ネット上の誹謗中傷のほか、自宅への押しかけなども相次いだ。なお、やはりこのときに拘束されたジャーナリストの安田純平がその後、二〇一五年にシリアで拘束され、一八年一〇月に解放されたときにも同様のバッシングが繰り返された。

このように疫病、戦争、自然災害などの災厄に際して自粛が要請されているにもかかわらず、それに従わない者に対してネット上に強力な自警団が形成され、激しいバッシングが浴びせられる。とくに二〇〇〇年代以降の日本ではそうした行為がことあるごとに繰り返され、炎上のレパートリーの一つとなってきた。コロナ禍という大規模な災厄に際してそれがひときわ激しく噴き出してきたのが今回の動きだったと言えるだろう。

ではこうした「自粛警察現象」は、とくに近年の日本でなぜ頻発するようになったのだろうか。その背景には何があったのだろうか。この章ではこの問題について考えてみたい。

総動員体制のための相互監視

ここでまず「自粛」という行動様式そのものについて考えてみよう。それは元来、「自分から進んで、行いや態度を慎むこと」（『大辞泉』第二版）を意味する語であり、自己決定に基づいて行うものだとされている。言いかえれば自粛とは、他者から命じられたり請われたりして行うものではない。にもかかわらずそれを「要請」するというのは、そしてそれに応えて「自粛」するというのは、そもそも矛盾した考え方だろう。

そうした矛盾を引き受けることになったのが、ある意味で自粛警察という存在だったのではないだろうか。

というのも今回、政府という権力によって自粛が要請されたわけだが、しかし自粛とは自己決定に基づいて行うものだとされているため、権力がその所在を明示的に示すわけにはいかない。にもかかわらず人々はそれを引き受け、自らの振る舞いを律していかなければならなかった。

そこで人々は、暗黙的な権力を内面化し、自らの中に実体化していく必要があったのではないだろうか。言いかえれば強制力を伴う法的な措置が取られなかったからこそ、人々は自らの中に強制力を作り出し、それを執行していく必要があったのだろう。その結果、権力は遍在化し、相互監視の網の目の中に埋め込まれるに至る。その執行者となったのが自粛警察だった。

このように自粛という行動様式は、それを要請する主体と引き受ける主体との微妙な駆け引きの上に成り立つ、矛盾を孕んだものだ。しかしわれわれはそこに特段の疑問を差し挟むこともなく、ごく自然にそれを実践してきた。そうしたことが可能になったのは、われわれ日本人が歴史の中で、そうした振る舞い方を学習する機会を何度となく経験してきたからだろう。

その出発点となったのは戦時下の経験だった。例えば「自粛」という語を見出しに含む新聞記事をいくつかの新聞から検索してみると、それらは一九三六年から継続的に現れるようになり、とくに一九三八年から四〇年にかけての時期にその最初のピークが現れている。この時期に日本人は、この行動様式を最初に本格的に学習することになったのではないだろうか。

当時は戦時体制に向けて、日本社会がその姿を急速に変えていった時期だった。日中戦争が勃発した直後の一九三七年一〇月には国民精神総動員運動が開始され、三八年四月には国家総動員法が公布された。さらに一九四〇年一〇月には大政翼賛会が結成され、中央から末端組織の隣組へと至る、広大な国民統制体制が整えられていく。そうしたなか、「贅沢は敵だ」などとしてさまざまな活動の自粛が呼びかけられていった。そこでは自粛という行動が、総動員体制を支え、そのための行動統制と相互監視に資するものとなっていたと言えるだろう。

その後、さまざまな状況のもとでわれわれはこの行動様式を実践してきたわけだが、それが最大規模のものとなったのが今回のコロナ禍のケースだった。そのためそこには、戦時下のケースと同様の特徴が顕著に見られたのではないだろうか。

つまり今回もまた自粛という行動が、感染防止に向けた総動員体制を支え、そのための行動統制と相互監視に資するものとなっている。そしてそこで隣組的な統制機関、監視機関としての役割を新たに果たすことになったのが自粛警察だった。

だとすればこの現象は、まずこうした古くからの日本社会のあり方を反映したものだったと見ることができるだろう。つまり大政翼賛会的な全体主義の論理や、隣組的な封建主義の論理と結び付いた、前近代的なムラ社会に固有の同調圧力のようなものが、大規模な災厄に際してあらためて噴き出してきたのが今回の動きだった、という見方だ。

しかしそうした「古い現象」としての側面を見るだけでは、この現象の全体像を捉えることはできない。というのもそれは、とくに二〇〇〇年代以降頻繁に見られるようになった二十一世紀的な現象でもあるからだ。だとすればその現代的な面、「新しい現象」としての側面もそこにはあるのではないだろうか。ではそれはどのようなものなのだろうか。

自己責任論と新自由主義改革

ここでこの現象の現代的な原点に位置する事例として、イラク人質事件のケースにあらためて目を向けてみよう。そこでバッシングの眼目となっていたのは、「自己責任」

というキーワードだった。つまり渡航自粛が要請されていたにもかかわらず、危険な場所に行って拘束されたのは自己責任によるものなのだから、救済のために公費を使うべきではない、という主張のもとで猛烈なバッシングが繰り広げられた。いわゆる自己責任論だ。

そうした議論を主導していったのは、当時の一部の政治家だった。事件が報じられた直後に、小泉純一郎内閣で環境大臣を務めていた小池百合子が「自分自身の責任」と発言したのを皮切りに、閣僚や官僚などから同様の発言が相次ぎ、さらに救出費用を当人に請求すべきだという「費用要求論」まで飛び出した。

そうした議論は当時、小泉政権下で推し進められていた新自由主義的な改革路線のもとでしばしば聞かれたものだった。そこでは市場主義のもとで各人が自由競争を繰り広げながら、自己責任でリスクに対処していくことが強く要請されていた。そのために民営化、規制緩和、医療制度改革など、さまざまな領域にわたる構造改革が断行され、「小さな政府」に向けてのリストラクチャリングが進められていった。

そうして新自由主義的な体制に向けて、日本社会がその姿を急速に変えていくなかから現れてきたのが、このときの自己責任論だった。一方で自粛という行動は、自己決定に基づいて行うものだとされているため、自己責任という概念とは相性がよい。だからこそこのとき、自粛破りという論点から自己責任論が噴き出してくることになったのだろう。

なお、こうした自己責任論の淵源は、一九七〇年代後半からイギリスやアメリカで推し進められてきた新自由主義的な改革をめぐる議論の中に見出すことができる。例えば当時のロナルド・レーガン大統領はその有名な演説の中で、「誰もが自分の行動の結果に責任を負うというアメリカの伝統を今こそ蘇らせるときだ」と述べていた。

それ以降、イギリスやアメリカでは、労働組合、社会保障、公共サービスなど、戦後の福祉国家体制を支えてきたさまざまな制度が切り崩され、「小さな政府」に向けてのリストラクチャリングが進められていった。市場主義のもとでの自由競争を促進することで、非効率的だと考えられた旧来のシステムを刷新することを目指したものだった。

そうした動きがその後、日本にも及ぶことになったわけだが、ただし日本の場合にはやや事情が異なる。そもそも戦後の日本では、福祉国家体制が十分に整備されていたわけではない。とくに農民や地方の中小企業などの弱者を守ってきたのは、労働組合や社会保障などよりも、むしろ自民党による利益誘導型の政治と、官僚主導の保護行政だった。公共事業、補助金、規制、税制などによるものだ。しかし五五年体制の終焉とともにそうしたシステムが行き詰まりを迎えたことから、一九九〇年代後半以降、やはり市場主義のもとでの自由競争を通じてその刷新が目指されることになる。

このように日本の場合、新自由主義的な改革の実質的なターゲットとなっていたのは、イギリスやアメリカの場合のように近代的な福祉社会のあり方というよりも、むしろ政治家と官僚と地方とのもたれ合いに伴う、前近代的なムラ社会のあり方だったと言えるだろう。言いかえれば日本型の新自由主義改革は、ある種の近代化としての側面を強く持つものだった。

そのためそこでは「事前規制から事後監視へ」という考え方のもとで、人々の振る舞い方を根底から組み直していくことが目論まれた。つまり「事前規制」を緩和し、競争をしやすくする一方で、「事後監視」を強化し、制裁をしやすくすることが図られるとともに、各人にはコンプライアンス（法令遵守）の徹底が求められた。例えば二〇〇〇年一二月に閣議決定された「行政改革大綱」には、「国民の主体性と自己責任を尊重する観点から、民間能力の活用、事後監視型社会への移行等を図る」と記されていた。

その際、そうした「事後監視型社会」の確立のために進められていったのが、とりわけ司法制度改革だった。とくに二〇〇四年には裁判員法が成立し、市民参加による裁判員制度への道が開かれるとともに、公益通報者保護法が成立し、内部告発という行為が積極的に認められるようになる。そうして市民による司法の実践の場が広げられるとともに、一方で市民感情への配慮から、凶悪犯罪の増加に対応して刑法が改正され、一部の法定刑が引き上げられるなど、厳罰化への取り組みが進められていった。

同調圧力と生き残り圧力の間で

こうして二〇〇〇年代前半の日本では、規制改革、行政改革、経済制度改革、さらに司法制度改革など、新自由主義的な諸改革が急速に進められていった。一方でインターネットが普及し、情報化とグローバル化の大波が押し寄せてくるなか、それらの動きが相乗し、変革の波が社会の隅々にまで及んでいく。その過程でわれわれの日常は、それまであまり馴染みのなかった多くの語彙に取り巻かれることになった。リスク、セキュリティ、自己責任、ガバナンス、コンプライアンス、市民裁判、内部告発、厳罰化、などなどだ。

これらの語彙はいずれも、市場主義のもとでの自由競争についての、つまり各人が自由な市場の大海に出て、制裁を受けないようにしながら競争を繰り広げていくための振る舞い方についての、指針や規則を記したものだったと言えるだろう。当初、それらはとくに企業の活動と、それを律する立場の法曹の活動に向けられたものだった。しかしその後、一般の市民生活の中でも流通するようになり、やがてわれわれ一人一人の振る舞い方を規定するものとなっていく。

その過程でわれわれの思考法は、そうした指針や規則を内面化し、いわば新自由主義的な流儀にのっとったものへと変容していったのではないだろうか。つまり自由な、しかし同時にリスクに満ちた市場の大海の中でいかに生きていくか、というよりもいかに生き残っていくかという命題を、これらの語彙とともに、われわれ一人一人が絶えず考えるようになっていったのではないだろうか。

いわば生き残りのためのそうした思考法は、とりわけ各人の生き残りが実際に問われるような危機的な局面に見舞われた場合、その圧力からグロテスクに歪められ、ヒステリックに噴き出してくることになる。疫病、戦争、自然災害などの災厄に伴う状況は、そうした局面の最たるものだと言えるだろう。

だとすれば自粛警察という現象も、そうした局面に際してそれが激しく噴き出してきたものだったと捉えられるのではないだろうか。とりわけ今回は、コロナ禍という大規模な災厄に際してそれがひときわ激しく噴き出してきたのだろう。そこには例えば次のような論理を読み取ることができるだろう。

コロナ禍という大規模なリスクに際して、われわれは自己責任で生き残っていくことを要請されている。そのためにはリスク回避のためのガバナンスを各人が徹底させなければならない。ところがそうした要請に従わず、コンプライアンスに違反している者がいる。そうした行動はわれわれのセキュリティを脅かし、リスクを増大させるものとなる。したがって違反者を見つけたら、その旨を告発し、厳罰を加えなければならない。

そうすることが市民による司法の実践であり、各人の生き残りのための方策となる、というような論理だ。

そこに働いているのは、日本社会の中に古くからあるたぐいの圧力とはまた異なるものだろう。つまり「古い現象」としての、前近代的なムラ社会に固有の同調圧力のようなものではなく、むしろ「新しい現象」としての、新自由主義的な市場社会に固有の生き残り圧力のようなものだ。より正確に言えば、両者が重なり合ったところに形作られている独自の圧力だと言えるだろう。

つまりそこには、一方では感染防止に向けた総動員体制を強化し、そのための相互監視を徹底させるという、戦時下の全体主義的な思考に通じるような論理があり、他方では感染リスクの回避のためにコンプライアンス違反を告発し、厳罰に処するという、二十世紀末以来の新自由主義的な思考に基づくような論理がある。

元来、前者の論理では連帯責任が問われ、共同体の秩序を守ることが重んじられるものだが、一方で後者の論理では自己責任が求められ、各人の生き残りを図ることが目指される。このように両者は異なる志向を持つもののはずだが、それらが結び合ったところに独特の論理が形作られ、それがこの現象を生み出すに至ったのではないだろうか。

だとすればこの現象は、日本型の新自由主義改革の一つの帰結だったと見ることもできるだろう。それは元来、前近代的なムラ社会のあり方を刷新し、新自由主義的な市場社会のあり方へと組み替えていくことを目論んだものだった。しかし結局、両者の性格が無様に入り混じったもの、それもともにそのおぞましい側面が入り混じったものがそこから産み落とされるに至った。そうした存在、いわば日本型の新自由主義改革から産み落とされたモンスターこそがこの現象だったのではないだろうか。

強者への志向と弱者への配慮

ここで自粛警察をめぐる今回の状況を振り返ってみよう。その動きを加速させるきっかけの一つとなったのは、二〇二〇年四月に大阪府の吉村洋文知事が、休業要請に応じないパチンコ店の名前を公表したことだった。それを受けて一部の人々が店舗に押しかけたほか、各地のパチンコ店にさまざまな攻撃が仕掛けられるなど、その暴走が加速していった。

当時、この件に限らず思い切った判断を随所で示し続けた吉村は、コロナ禍の始まりとともにその「勇名」を最も高く轟かせることになった人物だった。また、吉村が所属している「大阪維新の会」代表の松井一郎大阪市長や、その創設者の橋下徹など、「維新」の面々の発言もあらためて大きな注目を集めた。

一方で東京でも、それまでやや失速気味だった小池百合子都知事が息を吹き返したかのように、その果断なもの言いの数々でやはりあらためて注目を集めた。毎日新聞が二〇二〇年五月に行った世論調査では、コロナ禍への対応で最も高く評価される政治家として、一位には吉村が、二位には小池が挙げられていた。

政治学者のカール・シュミットはかつて、政治的な行為の本質とは「友」と「敵」とを区別するところにあるとして、とりわけ「例外状況」に際してそうした決断を下すことのなかに政治家の責務を見ようとした。しかもそれは大衆の喝采に支えられて成り立つものだとして、そうした態度をシュミットは「決断主義」と呼んだ。

コロナ禍という例外状況に際して思い切った判断を強調し、しかもパチンコ店という

「敵」を名指しすることで、「友」としての大阪府民から喝采を受けることになった吉村の態度は、まさに決断主義的なものだったと言えるだろう。また、維新の他の面々や小池の中にも、やはり同様の態度が見られたのではないだろうか。

このように今回のコロナ禍は、まさにその例外性のゆえに、決断主義的なポピュリズム政治への支持を広げることになったが、そこでとくに大きな人気を呼んだのが、新自由主義的な風潮の牽引役となってきた政治家だったことに注意しておく必要があるだろう。

二〇一〇年に結成された維新の会は、二〇〇〇年代を通じて国政レベルで推し進められてきた新自由主義的な改革の発想を地方政治の中に持ち込み、地方分権の必要性を訴えながら、旧来のシステムを刷新することを目指した勢力だった。

一方で小池は、小泉政権下の二〇〇三年に環境大臣として初入閣して以来、改革を断行しようとする勢力の先頭に立ってきた。その翌年に起きたイラク人質事件の際に自己責任論の先陣を切ったのが小池だったことは先に見たとおりだ。

このように彼ら彼女らは、二〇〇〇年代以降の新自由主義的な風潮を牽引し、その思考法の伝道者となってきた政治家だった。そうした政治家が今回、コロナ禍という大規模な災厄に際して多くの支持を集めることになったのは、しかしどこか奇妙なことのように思われる。

というのもこうした深刻な災厄の際には、新自由主義的な弱肉強食の論理よりも、むしろ福祉社会的な相互扶助の論理のほうが、言いかえれば強者を志向しようとする姿勢よりも、弱者に配慮しようとする姿勢のほうが、本来は優先されるべきなのではないかと思われるからだ。

しかし例えば先に挙げた世論調査の中で、吉村を高く評価する点として盛んに挙げられていたのは、「決断力」「指導力」「強力なリーダーシップ」など、もっぱらその強さに関わる特質だった。だとすれば吉村が、ひいては維新の面々や小池が大きな人気を呼んだのは、そこに弱者への配慮があったからではなく、むしろ強者への志向があったからだということになる。より正確に言えば、弱者への配慮がその政策の中に表現されていたからではなく、むしろ強者への志向がその態度の中に表明されていたからだろう。

このように今回のコロナ禍では、強者への志向が多くの支持を集めることになったが、一方で弱者への配慮が大きな広がりを見せることはなかった。もちろんその種の議論がなかったわけではないが、しかしそれがまとまった市民感情に結実することはなかった。例えば東日本大震災や熊本地震の際には、被災者への哀悼、共感、支援などの気持ちが日本中を覆い、弱者への配慮がさまざまな活動として具体化されることになった。しかし今回のケースではそうした動きはほとんど見られない。それはなぜだったのだろうか。

誰が弱者なのか

その理由の一つとして挙げられるのは、まず「弱者」の定義に関わるものだろう。つまり震災などの場合には、あくまでもその犠牲者である被災者が弱者として認定される。しかしコロナ禍の場合には、その直接的な犠牲者である感染者だけではなく、経済活動の停止に伴う間接的な犠牲者として、営業を続けられなくなった店舗や、顧客を失った業者、さらにその取引先など、さまざまな存在が弱者の定義に含まれる。というよりもむしろ弱者を定義すること自体が困難になってしまっている。しかも災禍が世界中に広がっているため、極言すれば人類の誰もが潜在的な犠牲者として位置付けられてしまう。このように弱者の定義がはっきりしないため、そもそも誰に配慮すべきかがわからなくなってしまったのではないだろうか。

また、もう一つの、より深刻な理由として挙げられるのは、「弱者」の位置付けに関わるものだろう。そこでは強者か弱者かという軸に加えて、加害者か被害者かというもう一つの軸が問題となってくる。つまり震災などの場合には、被災者はあくまでもその被害者として位置付けられる。しかしコロナ禍の場合には、感染者はその被害者であるにもかかわらず、他者に感染させるリスクを持っていることから、むしろ加害者と見なされてしまうことがある。また、倒産することを恐れて営業を続けようとする店舗なども、潜在的な被害者であるにもかかわらず、やはり加害者と見なされてしまう。その結果、弱者が被害者としてではなく、逆に加害者として位置付けられ、必ずしも配慮すべき対象ではなくなってしまったのではないだろうか。

こうしたことから今回のコロナ禍では、弱者を弱者として見定めることが困難になり、その結果、弱者への配慮がまとまった市民感情に結実することがなかったのだろう。言いかえればそこでは、「誰が弱者なのか」という問いが絶えず発せられることになった。

そうしたジレンマを象徴的に示しているのが、とりわけ飲食店に対する市民感情の変化だろう。当初、営業を続けられなくなった飲食店は、コロナ禍による犠牲者の筆頭と見なされ、人々の同情を買う存在だった。ところが時短営業のための協力金の制度が整備されていき、その支給が続けられると、むしろ反感を買う存在になってしまう。二〇二一年二月には「協力金バブル」という語がツイッターのトレンドワードになるなど、飲食店を中傷するような論調がにわかに広がっていった。弱者であるはずの飲食店が協力金という「弱者の特権」を与えられ、ろくに仕事もせずに逆に優雅な生活をしているのはおかしい、というような論調だった。

「弱者の特権」をめぐるこうした議論は、しかしこのときに初めて現れたものではない。やはり二〇一〇年代を通じてたびたび問題とされてきたことだった。例えば二〇一二年四月には、お笑い芸人の河本準一の母親が生活保護を受給していることが報じられたのをきっかけに、「生活保護バッシング」と呼ばれる動きが巻き起こった。そこでは生活保護が「弱者の特権」として捉えられ、生活保護受給者に激しいバッシングが浴びせられた。

なお、その動きを加速させるきっかけとなったのは、参議院議員の片山さつきがこの件を調査するよう厚生労働省に要請したことだった。やはり政治家の後押しから暴走が加速していったわけだが、しかも片山は二〇〇五年九月に、郵政民営化法問題をめぐるいわゆる郵政選挙で初当選した「小泉チルドレン」の一人であり、やはり新自由主義的なスタンスを見せてきた政治家だった。

また、二〇〇〇年代後半以降、「在日特権を許さない市民の会（在特会）」などによって繰り返されてきた在日コリアンへのヘイトスピーチの中にも、やはり同様の論理を読み取ることができるだろう。そこでは「在日特権」なるものが「弱者の特権」として捉えられ、というよりもむしろでっち上げられ、在日コリアンに激しいヘイトスピーチが浴びせられた。

このようにとくに二〇〇〇年代以降、われわれは弱者を弱者として見定め、そこに救済の手を率直に差し伸べるようなことができなくなってしまったのではないだろうか。

その結果、「誰が弱者なのか」という問いが絶えず発せられ、そこから「弱者の特権」などという詭弁が生み出されることになる。

さらにその過程でわれわれは、この問いへのうまい答え方、というよりもそこからのうまい逃げ方を見つけるに至った。それは「自分こそが弱者だ」と答えてしまうことだ。つまり飲食店、生活保護受給者、在日コリアンなどは、特権を得るために弱者の振りをしているだけの「偽の弱者」であり、むしろそうした特権を与えられていない自分こそが「真の弱者」だ、と答えてしまえば、この厄介な問いから都合よく逃れることができる。

元来、自分こそが強者になろうと誰もがしのぎを削っているはずの新自由主義的な風潮の中で、こうして自分こそが弱者だと主張する人々が多くなってきたという状況は、奇妙なものに思われるかもしれない。しかし実際には、新自由主義的な改革を通じて社会の再分配機能が切り崩され、分配の原資がどんどん小さくなっていくなかで、限られたパイをめぐって「弱者」のポジション争いが激化してきたのだろう。しかもコロナ禍は、そうした状況に一段と拍車をかけることになった。

　ここであらためて自粛警察について考えてみよう。彼らは自らをコロナ禍による潜在的な犠牲者、つまり感染リスクに晒されている者と見なし、弱者として認定する。一方で営業を続けようとする店舗などを、感染リスクをまき散らしている者と見なし、加害者として認定する。弱者である彼らが生き残っていくためには、加害者をやっつけなければならないが、そのためには強者による加勢が必要となる。そこで彼らは、パチンコ店を「敵」として、つまり加害者として認定してくれた吉村に喝采を送り、その後押しを得ることで攻撃を加速させていった。彼らの行動の中にはこうした論理があったのではないだろうか。

　つまりそこには、決断主義的な政治家に体現されるような強者への志向が強く見られたが、その裏側にあったのは、自らを弱者として認定しようとする態度だった。だからこそそこには、一方で他者を弱者として配慮しようとする態度が生まれなかったのだろう。

コロナ禍の経験を機に

このように今回のコロナ禍は、この二十年余りの間に推し進められてきた新自由主義的な改革のさまざまな面、とりわけその負の側面を、複雑な様相とともに浮かび上がらせることになった。自粛警察は、そこからもたらされた象徴的な存在だったと言えるだろう。

そうしたなか、一方で一連の改革の起点となったイギリスなどでは、今回の経験を機に、これまで何十年にもわたって切り崩され続けてきた福祉国家体制を少しずつ取り戻していこうとする動きが見られた。例えば自らも新型コロナウイルスに感染したボリス・ジョンソン首相は二〇二〇年五月、回復後のビデオメッセージの中で「社会というものはまさに存在する」と述べ、大きな話題を呼んだが、この発言は、かつて改革を強力に推し進めたマーガレット・サッチャー首相の一九八七年の発言「社会などというものは存在しない」を裏返したものだった。

しかし日本の場合には、かつての体制を取り戻すというわけにはいかないだろう。というのも改革の実質的なターゲットとなっていたのは、近代的な福祉社会のあり方というよりも、むしろ前近代的なムラ社会のあり方だったからだ。新自由主義的な弱肉強食の論理が望ましくないからといって、全体主義の論理や封建主義の論理に逆戻りしようと主張する者はいないだろう。だとすればわれわれは今後、何かを取り戻すのではなく、むしろ何かを作り出していかなければならないということになる。

ここであらためて考えてみよう。「誰が弱者なのか」という問いは、福祉国家の運営にあたって避けることのできない問いだ。弱者を救済することがその眼目である以上、誰を救済すべきかをまず決めなければならないからだ。

しかしかつての日本の体制では、例えば農民や中小企業などの弱者が自民党の政治家や官僚によって守られるというように、ある種のパターナリズムに基づく疑似的な福祉国家体制が作り出されていたため、この問いへの答えを考えることが市民の合議としてなされていたわけではなかった。しかもその後、新自由主義的な改革を通じてそうした体制さえもが切り崩されていくなかで、この問いがさまざまな分断を呼び、さらにそこから逃れるための無責任な答え方がはびこっていったことは先に見たとおりだ。

つまりわれわれは、この問いに向き合うことを市民の責任として引き受けるという経験を、これまで十分に持ってこなかったのではないだろうか。だとすれば今後、われわれはそれを作り出していかなければならないだろう。

そこに求められるのは、「自分こそが弱者だ」として他者の責任を問い詰めようとする態度ではなく、「誰が弱者なのか」を考えることを市民の責任として引き受けようとする態度だろう。今回のコロナ禍は、そのことを如実に示しているのではないだろうか。

第2章

SNSの倫理と新自由主義の精神

バイトテロ騒動をめぐる炎上

とくに二〇一〇年代以降、SNSの普及とともに炎上騒動が相次ぎ、頻繁に世を騒がせるようになったが、そうした動きの端緒となったのは、いわゆる「バカッター」による一連の「バイトテロ騒動」だった。若者たちがアルバイト先などで悪ふざけをしている様子をスマートフォンで撮影し、SNS、とりわけツイッターに投稿したところ、それが広く流出してしまい、激しいバッシングを受けるに至るというものだ。

二〇一一年ごろからこうした事例が増えていき、一三年にはピークを迎える。とりわけその夏にはコンビニエンスストア、ハンバーガー店、そば店、ステーキ店、ピザ店、スーパーマーケットなどで同様の事例が相次ぎ、大きな社会問題となった。

その後、啓発活動が進められ、軽率な投稿を控えるよう盛んに呼びかけられたこともあり、一時は沈静化したものの、インスタグラムやティックトックなど、新たなSNSの普及とともに動きが再燃する。二〇二一年の春にはコンビニエンスストア、ピザ店、カレー店などで同様の事例が繰り返された。

多くの場合、投稿者はごく軽い気持ちから、仲間うちでのウケを狙って悪ふざけの様子を投稿する。彼らもそれなりに用心はしており、近年ではいわゆる鍵アカ、すなわち非公開アカウントや、自動的に消えるストーリーズ動画などを用い、閲覧者が限定されている状態で投稿することが多くなっている。

しかしそれにもかかわらずそうした投稿が流出し、拡散されてしまう。そればかりか店の所在や、ときには投稿者の名前や身元、さらにさまざまな個人情報まで特定されてしまう。彼らが通っている学校や、内定している就職先まで晒《さら》されてしまったこともある。

その結果、「不衛生だ！」などとして店に苦情が殺到し、ときには学校や就職先にまでクレームが寄せられる。多くの場合、投稿者は店を解雇されるに至るが、それだけでは済まず、より重大な処罰を受けることも多かった。また、店も大きな痛手を被るのが常だった。

こうした事例が二〇一〇年代以降何度となく繰り返されてきた。ではその背景には何があったのだろうか。この章ではこの問題について考えてみたい。

非難するから犯罪になる

まず初めに一連の騒動のピークとなった二〇一三年の夏の事例のうち、とくに大きなトラブルになったものを振り返ってみよう。

例えば七月には、東京のそば店のアルバイトの大学生たちが厨房で悪ふざけをしている写真を投稿したところ、炎上するに至った。店には苦情が殺到し、電話が鳴りやまない状態になったため、店は営業を続けられなくなり、およそ三ヶ月後に破産してしまう。そのため店主は彼らに損害賠償を請求する旨の裁判を起こした。

また八月には、東京のステーキチェーン店のアルバイトの専門学校生が冷蔵庫の中に入っている写真を投稿したところ、やはり炎上してしまう。店はその翌日から休業し、早くも一週間後には閉店するに至った。学生が通っていた保育士専門学校にも苦情が寄せられたため、学生は家に引きこもってしまったという。

さらに同じく八月には、茨城県のスーパーマーケットのアルバイトの専門学校生が冷蔵ケースの上に寝転んでいる写真を投稿したところ、同様に炎上してしまう。学生が通っていた調理師専門学校は早くもその翌々日には、「食に携わる者としての倫理観を著しく欠いた問題」として謝罪し、学生は退学するに至った。

こうして若者たちはそのちょっとしたいたずらの代償として、過酷なまでの厳罰を受けることになった。それは彼らの人生そのものを狂わせてしまう、もしくは終わらせてしまうほどの重みを持つものだったと言えるだろう。

しかし実際に彼らがしたことは、もちろん許されないことではあったが、大それた悪事というほどのものではなかったのではないだろうか。行為そのものの内実からすれば、やはりちょっとしたいたずら程度のものだったと言えるだろう。にもかかわらず、彼らに与えられた社会的な罰はどこまでも厳しいものだった。

だとすればそうした罰の厳しさは、何に基づくものだったのだろうか。それは彼らの行為そのものの悪質さよりも、むしろそこから生じた非難の大きさによるものだったのではないだろうか。

というのも彼らが店を解雇されたのは、店に苦情が殺到したからであり、学校を退学させられたのは、学校にクレームが寄せられたからだった。また、店から損害賠償を請求されたのも、苦情が殺到したために店が営業を続けられなくなり、破産したからだった。逆に言えば第三者からのそうした非難がなければ、店や学校もこれらの件をそれほど重大視することはなく、ちょっとしたお咎《とが》め程度で済ませていた可能性もある。

しかし非難のあまりの大きさに恐れをなした店や学校は、とくに外食チェーンや調理師学校などの場合、ブランドの毀損を避けるため、できるだけ早急に、しかも断固たる態度で事態に臨もうとした。というよりもそうした姿勢を世間に強く示そうとした。その結果、厳罰化が後押しされることになったのだろう。だとすれば彼らへの罰の厳しさを決めていたのは、実質的には第三者からの非難の大きさだったということになる。

実際、それはすさまじいものだった。例えばステーキチェーンの広報によれば、ほんの数日の間に「苦情は五センチくらいの分厚いファイルいっぱいに」なったという。しかもそうした苦情の主の多くは地元の常連客などではなく、店とは何の関わりもない一般の人々だった。例えばそば店の店主によれば、「着信ナンバーを見ると全国から野次馬のごとく電話がかかって」きたという。このように単なる野次馬でしかない第三者からの非難の大きさが、彼らへの罰の厳しさを、ひいてはその罪の重さを決めていたということになる。

社会学者のＥ・デュルケムはかつて次のように論じたことがある。「われわれは、ある行為が犯罪であるからそれを非難するのではなく、それは、われわれがそれを非難するから犯罪なのである」。つまり犯罪が犯罪であるのは、その行為そのものに内在する性質のためではなく、むしろ人々がそれを非難するからだという。その結果、それが犯罪として扱われるようになり、さらに犯罪となる。

また、関連して社会学者のＨ・ベッカーは次のように論じている。「社会集団は、これを犯せば逸脱となるような規則をもうけ、それを特定の人々に適用し、彼らにアウトサイダーのラベルを貼ることによって、逸脱を生みだす」。つまり逸脱行為が逸脱行為であるゆえんも、それを取り締まろうとする統制側の人々が、特定の人々を逸脱者として「ラベリング」するからだという。

さらにＪ・キツセとＭ・スペクターはこれらの議論を社会問題の領域に適用し、次のように論じた。社会問題とは、ある「状態について苦情を述べ、クレイムを申し立てる個人やグループの活動」から生み出されるものだ。つまり社会問題が社会問題であるゆえんも、そこに客観的に問題が存在するためではなく、それが問題だとして人々が「クレーム申し立て」を行うからだという。

これらの議論は「構築主義」と呼ばれる立場に連なるものだ。犯罪、逸脱行為、社会問題などが必ずしも客観的に存在するものではなく、むしろ社会の側からの圧力を通じて「構築」されていくものだと考える立場だが、そうした見方はバイトテロ騒動にもあてはまるのではないだろうか。

というのもそこでは、若者たちのちょっとしたいたずらが重大な逸脱行為と見なされ、犯罪となり、社会問題となるに至ったわけだが、事態のそうした甚大さは、彼らの行為そのものの性質から説明することはできない。そうした事態をもたらしたのは、むしろ第三者からの非難の大きさという、社会の側からの圧力だった。だとすればこれら一連の騒動は、むしろ社会の側から作り出されたものだったのではないだろうか。

投稿者・告発者・叱責者

ここでまず考えてみよう。一般にバイトテロ騒動が起きるのは、「テロ」という語に示されているように、投稿者が「悪いこと」をするからだと考えられている。しかし実際にはそれだけで炎上に至るわけではない。ちょっとしたいたずらが大々的に燃え広がるためには、多くの場合、火種を点《とも》す人だけではなく、それを大きく燃え上がらせようとする人々や、広く延焼させていく人々など、さまざまなアクターの関与が必要となる。

そこでまず第一のアクターとして挙げられるのは、もちろん「投稿者」という存在だろうが、続いて第二のアクターとして考えられるのは、「告発者」という存在だろう。火種になりそうなネタをどこからか探し出してきては、広く拡散し、大きく燃え上がらせようとする人々だ。しかも彼らは、投稿者やその関係者の過去の投稿を執拗に掘り返し、さまざまな個人情報を特定していく。

二〇一三年の夏の騒動を受けてあるＩＴ企業が行った調査によれば、匿名掲示板の２

ちゃんねる（現在は5ちゃんねる）のユーザー、いわゆる「2ちゃんねらー」のグループが水面下で情報交換を繰り返しながら、そうした作業に当たっていたという。

彼らは元来、二〇〇〇年代初頭から「ドキュン狩り」などと称し、不適切な言動をブログなどに軽率にアップしている者をあちこちから探し出してきては、その個人情報を晒し上げるという「祭り」を繰り返してきた。その後、SNSの普及とともにその「漁場」はミクシィからツイッターへと移り変わっていく。その過程で彼らは「特定班」などと称するようになり、その情報交換の場をやはりSNSに移し替えていった。

とはいえ二〇一〇年ごろまでは、彼らの祭りは仲間うちだけのものであり、大きな社会問題となるような広がりを持つことはなかった。しかしツイッターの普及とともに状況が変化していく。より多くの人々、しかも一般のSNSユーザーが、自らはそうと意識しているわけではもちろんないが、彼らの祭りの一翼を担うようになる。その結果、祭りが広域化し、炎上という現象に発展していくことになる。

そこに挙げられるのが第三のアクター、「叱責者」という存在だろう。つまり告発者から提供された情報に短絡的に反応し、「けしからん！」などと怒り出してしまう人々だ。彼らは単なる野次馬でしかなく、無責任な第三者にすぎないが、強い正義感から激しい義憤に駆られ、投稿者に積極的に制裁を加えようとする。そうした行動が店への苦情となり、学校へのクレームとなり、火種を広く延焼させていくことになる。炎上という現象の実質的な担い手となっている人々だと言えるだろう。

このように投稿者、告発者、叱責者という三種のアクターが揃って初めて、その「連係プレー」を通じてバイトテロ騒動が成立することになる。そこでは通常、投稿者は一人、告発者は複数人、叱責者は多くの人々から構成されている。

こうした構造を構築主義的な観点に照らしてみると、投稿者が「逸脱者」に、告発者が「クレーム申し立て者」に、叱責者が「統制者」に当たると考えることができるだろう。これら三者の間の相互行為を通じてバイトテロ騒動が「構築」されていくわけだ。

規範形成の儀式

ここであらためて考えてみよう。そのとき投稿者は「悪いこと」をしているが、それを明らかに「悪いこと」だと思ってしているわけではなく、そのため注意するよう呼びかけられているにもかかわらず、ついしてしまう。

それに対して告発者は、それが明らかに「悪いこと」だとしてクレームを申し立てる。するとそれを受けて叱責者は、寄ってたかって投稿者に逸脱者のラベルを貼ることで、それがいかに「悪いこと」かを激しく言い立て合っていく。その過程でそれはどんどん「悪いこと」になっていき、ついには「テロ」、つまりとんでもなく「悪いこと」だと見なされるようになる。その結果、投稿者には厳罰が科されることになる。

そこで叱責者がそうするのは、投稿者の行為を「悪いこと」だと定めることで、「そういうことはしてはいけない」という規範を定めるためだろう。つまり彼らは社会の統制者として、規範形成という「良いこと」をしていることになる。しかしそうした行為がどんどんエスカレートし、過剰なまでのバッシングとなってしまう。言いかえれば彼らは「良いこと」をしすぎてしまう。そのため炎上が起きることになる。

こうしたことからすると、バイトテロ騒動が起きるのは、投稿者が「悪いこと」をついしてしまうから、であると同時に、叱責者が「良いこと」をしすぎてしまうから、だということになるだろう。

とくに構築主義的な観点からすれば、重要なのはむしろ後者の側面のほうなのではないだろうか。つまり統制者による規範形成のための行為が過熱してしまう結果、それが炎上として表現されることになるわけだ。

当時、ＳＮＳの普及とともに新たな社会空間が形作られていく過程で、そこでは何が許され、何が許されないのかという、新たな規範が手探りで模索されていたところだった。そうしたなかに投じられた投稿者の行為をきっかけに、当時のＳＮＳユーザーの間には、デュルケムの言葉を借りれば「集合的沸騰」が巻き起こる。社会集団が儀式の場で周期的に興奮状態を作り出しながら、「聖なるもの」と「俗なるもの」との区分を作り出すことで、社会規範を作り出していくという行動様式を指すものだ。

当時のＳＮＳユーザーはそうした興奮状態の中で、投稿者の行為を「悪いこと」として、それも絶対的に「悪いこと」として区分していった。その結果として下された裁定と、そこから投稿者に与えられた制裁を通じて、「ＳＮＳ空間の中ではこういうことはしてはいけない」という新たな規範が、いわば「ＳＮＳの倫理」として形作られていったのではないだろうか。だとすればバイトテロ騒動とは、SNSの時代の幕開けに伴う規範形成の動きの現れ、そのための儀式だったと見ることができるだろう。

遭遇型から実演型へ

とはいえなおも疑問が残る。規範形成のためのそうした行為を、叱責者はなぜそこまでエスカレートさせていったのだろうか。また、それに先立ち、軽率な投稿を控えるよう呼びかけられていたにもかかわらず、投稿者はなぜそうした行為をしてしまったのだろうか。言いかえれば投稿者が「悪いこと」をついしてしまったのは、そして叱責者が「良いこと」をしすぎてしまったのは、それぞれなぜなのだろうか。以下、さらに考えてみよう。

ここでまず投稿者の行為に目を向けてみよう。バイトテロ騒動が世を騒がせるようになったのは二〇一一年ごろからのことだが、この時期の事例と、その後のピークとなった二〇一三年の事例とを比べてみると、問題となった行為の性格には明らかな違いが見られる。

まず二〇一一年の事例では、多くの行為が「遭遇型」のものだった。つまりたまたま遭遇したレアな経験を報告するというものだ。とくにこの年には、その前年にサッカーの男子日本代表がワールドカップでベスト一六に進んだのに続き、女子日本代表が優勝したことなどを受け、とりわけサッカー選手をめぐる炎上が相次いだ。

例えば一月には、日本代表の稲本潤一選手がモデルの女性と連れ立って鉄板焼き店に来店したことをアルバイトの大学生が投稿したところ、炎上するに至った。

また五月には、ハーフナー・マイク選手が妻とともにスポーツ用品店に来店した際の様子を新入店員が投稿したところ、やはり炎上してしまう。

さらに七月には、熊谷紗希選手が参加している飲み会にたまたま同席することになった大学生がその様子を投稿したところ、同様に炎上してしまう。

これらの件はいずれも、有名人との遭遇というレアな経験をアピールしたいがための軽率な報告がプライバシーの問題などに触れ、炎上を招いたものだった。

しかし二〇一三年の事例では、こうしたタイプの行為は影を潜め、多くの行為が「実演型」のものとなる。つまり意図的に実演した面白おかしい経験を呈示するというものだ。とくにその夏には先に挙げた事例のほかにも、例えばハンバーガー店でバンズの上に寝転がったり、ピザ店で流しの上に座ったり、スーパーマーケットでカゴの中に入ったりと、ありとあらゆる珍妙な実演が繰り広げられ、次々と炎上を招いた。

遭遇型から実演型へ、言いかえれば偶発的な経験の報告から意図的な経験の呈示へということした変化は、では何を意味するものだったのだろうか。それは当時の若者たちの中で、自らの経験をアピールしたいという欲求、すなわち自己呈示の欲求が急激に高まっていったことの現れだったのではないだろうか。

というのもそうしたアピールのためには、レアな経験にたまたま遭遇するのを待っているだけでは十分ではない。それだけではそのための機会は保証されないし、その内容も当てにならない。しかもレアな経験であればあるほど、そもそも機会は少なくなり、内容も見通しにくくなる。そこで彼らは意図的にそれを実演することで、アピールすべき経験を自ら作り出すようになったのではないだろうか。自己呈示の欲求が昂じてのことだったと見ることができるだろう。

自己呈示の市場

社会学者のE・ゴフマンはかつて、人々が日常生活の中で行う自己呈示を舞台の上での演技になぞらえ、「パフォーマンス」として捉えた。つまり人々は、「パフォーマー」として「オーディエンス」の前で各自の役割に応じて振る舞い、それぞれの場面に即した自己イメージを呈示し続けることで、自己のアイデンティティを構築し、維持していくという。

そうした捉え方からすれば、自らの経験をアピールするために若者たちが繰り広げた実演もまた、自己呈示のためのパフォーマンスだったと見ることができるだろう。しかしその舞台となった場、すなわちSNS空間の中のそれは、ゴフマンが考えていたような舞台とはさまざまな点で異なるものだった。

元来、パフォーマーとオーディエンスとの間の相互行為の舞台となっていたのは、それぞれの場面に即したローカルな場であり、そこで繰り広げられるパフォーマンスは、固有の共同体の中に自己イメージを定着させていくためのものだった。

しかしSNSの普及とともに、そうした場が時間と空間の制約を解かれ、より大規模な、かつユニバーサルな場として形作られていくことになる。人々はそこでより広範なオーディエンスに向かって自己イメージを投射し、放射するようになる。

しかもそこでは、相互行為がコミュニケーションとして行われるだけではなく、より明確な相互評価、さらにある種の「値付け」として行われる。その結果、SNS空間の中の新たな場は単なる舞台としてではなく、どこか市場的な性格を持った場として形作られていくことになる。

つまりパフォーマーはそこで自己イメージを呈示し続けるが、オーディエンスはそれを受け取るだけではなく、「いいね」やリツイートなどのリアクションを通じてそれに評価を与える。そうした評価は明確に数値化されるため、パフォーマーはさらに多くの評価を獲得しようと、自己呈示の仕方を工夫していく。

一方でオーディエンスも単に受動的に反応しているわけではない。何をどう評価したのか、どこにどんなコメントを付けたのかなど、その評価の仕方そのものが他のオーディエンスから評価される行為となる。つまりオーディエンスもまたリアクションを通じて自己イメージを呈示することになり、パフォーマーとなる。

そうしてパフォーマーとオーディエンスとが立場を入れ替えながら、互いに評価を与え合うことで互いを値付けし合い、それぞれの「市場価値」を定め合っていく。多くの評価を獲得した者は多くのフォロワーを獲得することになり、そこからさらに多くの評価を獲得することになるため、その影響力は甚大なものとなる。

いわゆるアテンションエコノミー、つまり注目されることそのものが経済的な価値を生むようなシステムのもとで、「自己呈示の市場」とでも言うべきこうした場がＳＮＳ空間の中に形作られていった。二〇一〇年代初頭はその拡大期に当たり、そこに続々と人々が参入していった時期だった。

その結果、人々の自己呈示の仕方、ひいてはアイデンティティの構成原理そのものが大きく変容を被る。それはある種の市場原理と強く結び付いたものとなり、自己呈示をめぐる市場競争へと人々を駆り立てていくことになる。

反感を通じた共感

当時、そうした競争への圧力を最も強く受けていたのは、流行の前線にいた若者たちだったと思われる。彼らは他者に遅れを取ることのないよう、新しい市場に率先して参入していき、そこで優れたプレーヤーとして認められるよう、さまざまなパフォーマンスを繰り広げる。その過程で彼らの中では、自己呈示の欲求がどんどん高まっていったのではないだろうか。

ただし市場でプレーするためには、市場のルールに従わなければならない。つまりそこでは何が許され、何が許されないのか、どんな態度が人々の共感を呼び、逆に反感を買ってしまうのかを十分にわきまえたうえで、自らの振る舞いをコントロールしながら評価を高めていくよう行動しなければならない。

そこで求められるのは、まずできるだけ多くの注目を集めることだ。しかしそれは反感に基づくものであってはならない。つまり目立つことは必要だが、悪目立ちになってしまってはならない。そのためには反感を買うような態度を慎重に避けながら、共感を呼ぶような態度をうまく演出していく必要がある。そうした振る舞い方が新しい市場での行動規範となり、ひいてはＳＮＳ空間でのリテラシーの一部となっていく。

そうして新たな規範が手探りで模索され、多くのプレーヤーがそのためのリテラシーを身に付けようと、とりわけ洗練された自己アピールの手法をわがものにしようと試行錯誤していたところで、しかし一部の若者たち、すなわち「バカッター」が自己呈示の欲求に駆られるままに、幼稚で軽率な自己アピールに走ってしまう。

それは笑いを誘うことで注目を集め、仲間うちでの共感を呼ぼうと、彼らなりに工夫を凝らしたパフォーマンスだったのだろう。しかしその幼稚さと軽率さから、逆に周囲の反感を買うものとなってしまう。そうした点を告発者として厳しく指摘したのが、とりわけ当時の「情報強者」としての2ちゃんねらーだった。

つまりスマートフォンとＳＮＳの時代になり、新しい市場のためのユニバーサルなリテラシーを身に付けなければならないにもかかわらず、いつまでも「ガラパゴス携帯」の時代にいるかのように、共同体のローカルな慣習に従って仲間うちでのウケ狙いに執心している「バカッター」の「バカ」さ加減、その「情弱」ぶりを彼らは嘲笑しようとしたのだろう。彼らのそうした行為は、かつての「ドキュン狩り」、つまり粗野で軽率な「ヤンキー」をターゲットとした祭りの延長線上にあるものだった。

するとそれに反応し、多くのSNSユーザーが叱責者として激しいバッシングを繰り広げる。やはり新しい市場に続々と参入していき、そこで優れたプレーヤーとして認められるよう、そしてそのためのリテラシーを身に付けるよう強く圧力を受けていた彼らは、新しい市場の不適格者としてのラベルを投稿者に貼ることで、そこでの新たな規範を定義するとともに、自らがその適格者であることを証明しようとしたのではないだろうか。言いかえれば彼らは、投稿者をアウトサイダー化することで自らをインサイダー化しようとしたのだろう。

その際、実は彼らは単なる野次馬、すなわち傍観者だったわけではない。なぜなら自己呈示の市場では、オーディエンスもまたリアクションを通じてパフォーマーとなるからだ。つまり投稿者の行為に厳しい評価を下すというパフォーマンスそのものが、他の人々に向けての彼ら自身の自己呈示となり、他の人々から評価される行為となる。

そのため彼らは投稿者をあえて強く非難し、新たな規範の熱心な擁護者として振る舞うことで、他の人々からの評価をより多く獲得しようとしたのではないだろうか。言いかえれば投稿者への反感をより強く演出することで、他の人々からの共感をより多く動員しようとしたのではないだろうか。

そうした行為が叱責者相互の間で繰り返されることで、各自の行為がエスカレートしていき、非難の度合いがどんどん強まっていく。ある者が行った非難に評価を与えた者が、他の者からの評価をさらに獲得するためには、より強い非難を行わなければならないからだ。その結果、厳罰化が加速されることになったのだろう。

こうしたことからすると、バイトテロ騒動とは、自己呈示の市場に特有のメカニズムに駆動されたものだったと見ることができるだろう。そこで投稿者が度を越した悪ふざけをしてしまったのも、それに対して叱責者が度を越した非難をしてしまったのも、言いかえれば投稿者が「悪いこと」をついしてしまったのも、叱責者が「良いこと」をしすぎてしまったのも、要はともに自己呈示のためであり、そのためのパフォーマンスが度を越したものとなってしまったからだろう。

やらかし型からコメンテーター型へ

その後、二〇一〇年代半ばになると、バイトテロ騒動はひとまず沈静化に向かう。啓発活動が進められ、投稿者が度を越した悪ふざけを控えるようになったことに加えて、SNS空間での行動規範がひととおり確立されたため、叱責者も度を越した非難をする必要がなくなったことによるものだろう。

しかしその一方で、別のタイプの炎上騒動が次々と巻き起こり、より頻繁に世を騒がせるようになる。

例えば二〇一五年から一六年にかけての時期には、テレビCMや広報メディアなどの不適切な表現、とりわけ性差別的な表現が問題となり、次々と炎上を招いた。例えば企業のテレビCMでは、一五年三月のルミネ、一五年一〇月のAGFブレンディ、一六年四月の日清カップヌードル、一六年九月の資生堂インテグレートなどの件が問題となった。また、地方自治体や団体の広報メディアでは、一五年八月の志摩市の「碧志摩メグ」、一五年一二月の美濃加茂市の「のうりん美少女」、一六年九月の志布志市の「ウナギ美少女」、一六年一〇月の東京メトロの「駅乃みちか」などの件が問題となった。

さらにその間、とくに二〇一六年には芸能人の不倫が問題となり、続けざまに炎上を呼ぶ。ベッキーと川谷絵音の件が一月に激しく炎上したのに続き、二月には宮崎謙介、狩野英孝、三月には乙武洋匡、とにかく明るい安村、六月にはファンキー加藤、三遊亭円楽、九月には中村橋之助、一〇月には小渕健太郎と、さまざまな人物が非難の俎上に載せられていった。

またその後、とくに二〇一八年にはスポーツ指導者によるハラスメントが問題となり、やはり続けざまに炎上を生む。四月には全日本女子レスリングの栄和人、五月には日本大学アメリカンフットボール部の内田正人、八月には日本ボクシング連盟の山根明、さらに日本体操協会の塚原光男、塚原千恵子と、やはりさまざまな人物が非難の俎上に載せられていった。

こうして二〇一〇年代半ば以降、さまざまな騒動が巻き起こるなかで、炎上という現象の性格も変化していった。バイトテロのような私的な行為よりも、むしろ性差別的な広告表現、芸能人の不倫、スポーツハラスメントなど、より公的な話題が火種となり、そこに人々が一斉にバッシングを浴びせることで炎上が起きるようになる。

そうした状況を受け、二〇一六年の炎上騒動を振り返って書かれた雑誌記事（「2016年炎上ランキング」『ダイヤモンド・オンライン』）では、炎上の主流がバイトテロ騒動のような「やらかし型」のものから、公的な話題に人々がコメントすることによる「コメンテーター型」のものへと変化したと論じている。

しかし実際には、その基本的な構造が変化したわけではなかった。というのもバイトテロ騒動の場合にも、実質的には叱責者が「コメンテーター」として炎上の担い手になっていたわけだし、一方で公的な話題をめぐる炎上の場合にも、広告会社、芸能人、スポーツ指導者などが「やらかして」しまったことが火種となっていたからだ。いずれの場合にも、「やらかして」しまった逸脱者に「コメンテーター」としての統制者がラベリングすることで炎上が起きるという基本的な構造は共通している。

というよりもむしろ「コメンテーター型炎上」が主流となったことで、元来の構造がより顕著に現れるようになったのではないだろうか。そこにはバイトテロ騒動の場合と同様に、というよりもむしろより顕著に、二つの圧力が強く働いていたと見ることができるだろう。

その一つは規範形成の圧力であり、社会としての集団的な要請に基づくものだ。もう一つは自己呈示の圧力であり、個人としての利己的な要請に基づくものだ。以下、それぞれについてさらに考えてみよう。

モラルアントレプレナーの時代

コメンテーター型炎上は多くの場合、「昔は許されたけれど今はダメ」というような問題意識に関わるものだった。例えば性差別的な広告表現のケースでは、かつては性別役割分業を前提としたＣＭが作られるようなこともあったが、今ではそうしたことは許されない。また、芸能人の不倫についても、かつては「不倫は文化だ」などとして鷹揚に扱われることもあったが、今では許されない。さらにスポーツハラスメントについても、かつては「根性」を鍛えるための「しごき」が認められることもあったが、やはり今では許されない。

このようにいずれのケースでも、かつてはそれなりに許されていたことに対して、今では重大な逸脱行為に当たるというラベルを貼り直すことが、つまり逸脱行為の定義をし直すことが炎上の眼目となっていた。そうすることで人々は、「性差別、不倫、ハラスメントなどは絶対にしてはならない」という新たな規範を、新しい時代に即したものとして定め直し、社会の価値観をアップデートしようとしていたのではないだろうか。

とりわけ二〇一〇年代後半の時期は、一六年七月に現在の上皇が生前退位の意向を示し、平成が終わることを告げてから、一九年五月に令和が始まるまでの間、いわば時代の移行期間だった。そうした空気の中で人々は、その間にアップデート作業を済ませてしまおうと焦っていたのだろう。そうした焦りが炎上を生むことになる。その結果、そこでは古い時代を象徴するものとして、平成どころかむしろ昭和の名残りを留めたような事例が次々と槍玉に上げられ、弾劾されていった。

こうしたことからすると、コメンテーター型炎上の場では、バイトテロ騒動の場合よりもはるかに大規模に、規範形成の動きが推し進められていたと見ることができるだろう。バイトテロ騒動では、ＳＮＳ空間での行動規範を定めることが眼目となっていたのに対して、コメンテーター型炎上では、新しい時代に即したより広範な社会規範を定めることが眼目となっていたからだ。そこで行われていたのは、新しい時代への通過儀礼としての、ある意味で国民的な儀式だったのではないだろうか。

ただしそうした行為に人々を強く駆り立てていったのは、社会的な要請の圧力だけではなかったと思われる。むしろ自分自身が新しい時代に乗り遅れてしまわないよう、そして他者に遅れを取ることのないよう、自らの立場を保全しようとする個人的な要請の圧力から、人々はこぞって新しい動きにコミットしていったのではないだろうか。というのもそうした流れに乗り損ない、古い時代の中に取り残されてしまえば、他者からの評価が得られなくなるばかりか、下手をすると自らがバッシングの対象にされてしまうこともある。そのためそこにはまた別の、個人的なレベルの焦りがあり、それが新しい動きへのコミットメントを、ひいては炎上を加速することになったのだろう。

その際、自己呈示の市場としてのＳＮＳ空間がやはり大きな役割を果たした。人々はそこで、自らが新しい動きにいかにコミットしているかをパフォーマーとしてオーディエンスに示し、さらにオーディエンスとしてパフォーマーに反応することで他のオーディエンスに示し、そうした相互行為を繰り返しながらそれぞれの「意識の高さ」を、ひいては新しい時代への「市場適合度」を定め合っていく。

そうしたなかに投じられたさまざまな事例は、人々が自らの立場をアピールするための絶好の機会となった。そこで人々は逸脱者をあえて強く非難し、新たな規範の熱心な推進者として振る舞うことで、他の人々からの評価をより多く獲得しようとしたのではないだろうか。言いかえれば古い時代への反感をより強く演出することで、新しい時代からの共感をより多く動員しようとしたのではないだろうか。

しかもその際、とりわけ不適切な広告表現は格好の材料となった。例えば問題となった一部のＣＭでは、一見しただけではどこが悪いのかわからず、誰かの「クレーム申し立て」を聞いて初めて問題の所在がわかる、というようなケースも多かったが、そうしたなかで問題を指摘し、どこが悪いのかを解説する者は、その高度な読解能力を通じて自らの「意識の高さ」を効果的に示すことができたからだ。

なお、そこではやはりある種のリテラシーが問題とされていたことに注意しておく必要があるだろう。そうしてセンシティブに表象を読み解く力がリテラシーの一部となり、それを備えている者が新しい時代の「情報強者」として位置付けられる一方で、元来は情報発信のプロであるはずの広告会社などが新たな規範にセンシティブではないとして、皮肉なことに「情弱」として位置付けられる。そこに見られたのは、バイトテロ騒動の際の告発者と投稿者との関係にどこか通じるものだったと言えるだろう。

このようにコメンテーター型炎上の場には、二つの圧力、すなわち規範形成の圧力と自己呈示の圧力とがともに強く働いていたと見ることができる。それらは一方では社会的な要請として、他方では個人的な要請として、人々を両面から突き動かしながらさまざまな炎上騒動を巻き起こしていった。

かつてベッカーは、統制者の中でもひときわ熱心な人々を「モラルアントレプレナー（道徳起業家）」と呼んだ。道徳を打ち立てる事業を起こす人々、というような意味だが、そこでは道徳を普及させるという社会的な要請と、事業を成功させるという個人的な要請との、やはり二つの側面が捉えられていたと言えるだろう。そうした意味からすると二〇一〇年代は、モラルアントレプレナーが大活躍した時代だったのではないだろうか。

評価のための競争、監視のもとでの制裁

こうして二〇一〇年代を通じて人々は、SNS空間という新たな場でさまざまな炎上騒動を巻き起こしながら、二つの行動様式を発展させていった。絶えず競争し合いながら評価を与え合うことで、自己呈示の市場で活動していくという行動様式と、絶えず監視し合いながら制裁を与え合うことで、規範形成の儀式を執行していくという行動様式だ。

これら二つの行動様式がともに優勢になった時代、つまり評価のための競争が絶えず繰り広げられ、監視のもとでの制裁が絶えず繰り出される、そうした状況が当たり前のものになった時代こそが二〇一〇年代だったと言えるだろう。

ではそうした状況をもたらしたものは何だったのだろうか。もちろんSNSの普及という動きがその直接的な背景にあったことは確かだが、しかしさらにその背景には、社会全体の仕組みに関わるような、より大きな動きがあったのではないだろうか。以下、

さらに考えてみよう。

二〇一〇年代に先立つ時代、すなわち二〇〇〇年代は、いわゆる新自由主義的な諸改革が大規模に推し進められた時代だった。とりわけ二〇〇〇年代前半には小泉純一郎政権のもとで、さまざまな領域にわたる「構造改革」が急速に進められていった。その眼目は、市場原理のもとでの自由競争を促すために「小さな政府」を目指す、というものだったが、その際の基本理念の一つとなっていたのは、「事前規制から事後監視へ」という考え方だった。

つまり事前に規制することで人々の活動をあらかじめ調整するのではなく、そうした規制はできるだけ少なくし、自由な競争ができるようにしながら、一方でルール違反が起きた場合に備えて事後の監視を厳しくし、適切な制裁ができるようにする、という考え方だ。

端的に言えば、そこで目指されていたのは、競争をしやすくするとともに制裁をしやすくするための環境作りだった。前者のためには規制改革、行政改革、経済制度改革などが行われ、規制緩和が推し進められる一方で、後者のためには司法制度改革などが行われた。例えば裁判員制度の創設により、市民裁判という形式が実現されるようにしたり、公益通報者保護法の制定により、内部告発という行為が保護されるようにしたりしたことも、後者のための改革の一環だった。

これらの諸改革を受け、人々の振る舞い方にも大きな変化が生じる。人々は自由な市場の大海に出て、制裁を受けないようにしながら競争を繰り広げていくことを強く求められるようになる。そこでは当局が規制としてルールを定めるのではなく、競争を繰り広げているプレーヤー同士が監視し合いながら、規範としてルールを定め合っていくことが求められる。そのため規制が弱められる分、自由な活動ができるようになるが、一方で監視が強められる分、不適切な活動を慎まなければならなくなる。

そこで求められるようになったのが、「ガバナンス」「コンプライアンス」「内部統制」などの態度だった。つまり自由な大海の中にいるからこそ、法令だけではなくさまざまな規範を積極的に遵守することで、自らを厳しく統治・統制していく必要がある、そのことが自由な競争のための条件となる、という考え方だ。二〇〇〇年一二月に「行政改革大綱」が閣議決定されたのち、〇一年一月には内閣府に「コンプライアンス研究会」

が設置され、そうした考え方が整備されていった。

当初、こうした振る舞い方の規律はとくに企業に求められたものだった。しかしその後、個人の中にも浸透し、徐々に内面化されていく。やがてそれは人々の考え方や生き方を律するものとして、社会生活の隅々にまで行き渡っていくことになる。

こうして二〇〇〇年代を通じて急速に進められていった新自由主義的な諸改革と、それに伴う人々の意識改革、意識変容の成果の上に、一〇年代になって形作られていったのがＳＮＳ空間という新たな場だった。そのためそこでの人々の振る舞い方の規範、いわばＳＮＳの倫理は、その下部構造での人々の振る舞い方の規律、いわば新自由主義の精神の影響を強く受けることになったのではないだろうか。

人々はそこで評価のための競争を絶えず繰り広げ、監視のもとでの制裁を絶えず繰り出す。コンプライアンスが厳しく問われ、それに少しでも違反した者がいれば、たちどころに内部告発され、市民裁判としての炎上を通じて厳しい制裁が加えられる。しかもそこでは規制が極度に弱められている分、何でも言うことができるが、一方で監視が極度に強められている分、何も言うことができない。その結果、自由で無秩序でありながら、不自由で窮屈な言論空間が形作られていくことになる。

　今日のSNS空間が持っているこうした独特の性格は、かつての「聖域なき構造改革」が、人々の自己呈示の仕方やアイデンティティの構成原理、さらに規範形成の方式や通過儀礼の様式など、人間社会としての「聖域」にまで深く押し入り、その「構造改革」を推し進めていった結果としてもたらされたものなのではないだろうか。一連の炎上騒動はそのことを如実に示していると言えるだろう。

第3章
ハッシュタグアクティヴィズムの光と影

検察庁法改正案抗議運動とＢＬＭ

コロナ禍が勢いを増しつつあった二〇二〇年六月、検察庁法改正案が世論の強い反発を受け、廃案に追い込まれるという動きがあった。検察官の定年を引き上げることを趣旨とする法案だったが、検察庁幹部の定年も政府の判断で延長できるようにするという特例が盛り込まれていたことから、当時の安倍晋三政権に近い人物を意識したものなのではないかとして、恣意的な政権運営に対する反発が強まり、政府は法案の成立を見送ることを決議した。

その際、世論形成にあたって中心となったのは、多くの人々によるツイッターでの抗議運動だった。衆議院内閣委員会での審議が始まった五月八日、ある女性がツイッターのメッセージに〈#検察庁法改正案に抗議します〉というハッシュタグを付けて投稿したところ、このハッシュタグの付いたツイートが一気に広まっていく。その後の四日間で投稿されたツイートは、リツイートを含めて六六四万件あまり、投稿者数は七〇万人あまりに及んだ。

さらにこのとき、多くの芸能人がこの動きに加わったことが注目を集めた。きゃりーぱみゅぱみゅ、小泉今日子、浅野忠信、秋元才加など、それまで政治的な発言とは縁遠いと思われていた芸能人が次々と声を上げ、この動きを一段と加速していった。

一方でアメリカではこのころ、ブラックライブズマター（BLM）運動が大きな盛り上がりを見せていた。五月二五日、ミネソタ州ミネアポリスで黒人男性が白人警官に暴行を受けて死亡するという事件が起きたが、それをきっかけに人種差別への抗議運動が一気に高まっていく。大統領選挙を目前に控え、当時のドナルド・トランプ大統領がリベラル派への締め付けを強化する姿勢を見せるなか、そうした動きへの反発もあり、各地で大々的なデモが繰り広げられた。その規模は一九六〇年代の公民権運動以来のものとなったとされる。

この運動の名称は、〈#BlackLivesMatter（黒人の命は大事）〉というハッシュタグに由来するものだった。二〇一二年二月、フロリダ州で黒人少年が自警団員に射殺されるという事件が起きたが、その被告が一三年七月に無罪となったことを受け、ある女性がフェイスブックに投稿したメッセージにこのフレーズが含まれていたことから、それがハッシュタグとして広まっていく。その後、同様の事件が繰り返されるたびにこのハッシュタグが用いられるようになり、それは反レイシズム運動のスローガンとなった。それがあらためて大きな役割を演じたのが今回の動きだった。

こうして二〇二〇年の春には、コロナ禍への不安を、そしてそれに伴う政権への不満を一気に爆発させるかのように、日本でもアメリカでも、ハッシュタグをスローガンとする抗議運動が大きな盛り上がりを見せることになった。その後まもなく、日本では安倍首相が退陣を表明し、アメリカではトランプ大統領が大統領選に敗れ、ともに政治的な風景が一変するに至ったが、まるでそれらの大きな政変を呼び込んだかのような激しい動きだった。

そもそもハッシュタグ（#）とは、SNSでの投稿をカテゴライズするためのラベルとして使われるものだ。それが今日では、こうして社会運動のスローガンとして用いられることが多くなっている。人々が特定のハッシュタグとともに自らの思いを投稿していくことで、それが多くの人々の思いと結び付き、全体として一つの運動体が構成される。「ハッシュタグアクティヴィズム」と呼ばれるこうした動きは、ネットの中ばかりでなくリアルな場にもさまざまに広がり、今や社会全体を揺るがすほどの大きな影響力を持つに至っている。この章ではこの問題について考えてみたい。

インデックスからフレームへ

ハッシュタグアクティヴィズムの淵源は、ツイッターの普及が急速に進んだ二〇〇九年に、ヨーロッパの周縁部で相次いで起きた二つの民主化運動に見出すことができる。

その一つは、一九九一年にソ連から独立したモルドヴァで四月に起きたものだ。国会議員選挙の疑惑をめぐって首都キシナウでデモが行われ、キシナウ中央広場を表す略字から〈#pman〉というハッシュタグが使われた。もう一つは、六月にイランで起きたより大規模なものだ。大統領選挙の疑惑をめぐってイラン全土でデモが繰り広げられ、〈#iranelection（イラン選挙）〉というハッシュタグが使われた。

これらのハッシュタグは主に二つの目的で使われていた。その一つは、現地の人々にデモへの参加を呼びかけるという「動員」の目的、もう一つは、国内外の多くの人々にデモの様子を報告し、支援を集めるという「発信」の目的だ。しかし直接的な動員の目的には、それほど大きな効果を持つことはなかった。当時はまだSNSの利用者があまり多くなく、むしろ携帯電話のショートメッセージのほうが有効だったからだ。

一方で発信の目的には想定外の効果がもたらされた。そもそもモルドヴァやイランの状況は、欧米の人々にはあまり馴染みがあるものではない。しかし欧米在住の亡命者などが現地からのツイートを盛んにリツイートしたことで、欧米の人々の間にも問題意識が共有されていき、その結果、とくにイランのケースでは、欧米のさまざまな都市でもデモが繰り広げられるようになる。こうして発信の目的からグローバルな動員という結果が生じることになり、そこに想定外の効果がもたらされた。

その後、こうした動きはアラブ地域に波及していき、そこにより大きな動きを生み出すことになる。二〇一〇年一二月にチュニジアで起きた「ジャスミン革命」と、それに続いて一一年初頭にエジプト、イエメン、リビアで起きた一連の民主化運動、いわゆる「アラブの春」だ。

さらにそうした動きは欧米の国々にも波及していく。「反緊縮」を求めて二〇一一年五月にスペインで起きた「インディグナドス運動」に続き、「反格差」を訴えて九月にアメリカで起きた「オキュパイ運動」を通じて、ハッシュタグアクティヴィズムの威力が世界中に示されることになる。

この年の七月、インディグナドス運動に刺激を受けたカナダの雑誌『アドバスターズ』の発行人が、〈#occupywallstreet（ウォール街を占拠せよ）〉というハッシュタグを付けてブログの記事を投稿した。それは一気に広まっていき、その結果、ごく一部の富裕層が富を独占しているという状況に抗して「われわれは九九パーセントだ」と主張する若者たちが、九月半ばからおよそ二ヵ月にわたり、ニューヨークの公園を占拠するに至る。

この動きはアメリカ中に、そして世界中に発信され、同様の占拠行動が各地で繰り広げられていく。その後の一ヵ月間でアメリカでは六〇〇以上もの都市でデモが行われた。さらにそれはインディグナドス運動と合流し、一〇月半ばには世界のおよそ八〇ヵ国、九〇〇以上もの都市で一斉にデモが繰り広げられる。その際、各地の運動を識別するものとして〈#occupy〜〉というハッシュタグが使われたが、その数はおよそ五〇〇にも及んだ。

これら一連の動きを背景に、やはりこの時期、日本でも同様の動きが形作られていった。そのきっかけとなったのは、二〇一一年三月の東日本大震災と、それに伴う福島第一原子力発電所の事故だった。それらを受け、反原発運動の大きなうねりが日本中を覆っていく。

まず三月には、各地のデモの情報を取りまとめるためのハッシュタグ〈#no_nukes_demo（反原発デモ）〉が用意された。続いて四月、五月、六月と東京で立て続けに行われた大規模なデモのためのハッシュタグ〈#410nonuke〉〈#57nonuke〉〈#611nonuke〉が流通していく。さらに〈#genpatsu（原発）〉や〈#fukushima（福島）〉など、より一般的なものも含めてさまざまなハッシュタグが運用され、それらが飛び交うなかで反原発運動の流れが形作られていった。その後の半年間で行われたデモはおよそ二〇〇件にも及んだ。

こうして二〇一〇年前後の世界各地の動きと連動しながら、ハッシュタグアクティヴイズムの様式が確立されていった。その過程でハッシュタグの使い方そのものも変化していく。

当初は〈#pman〉や〈#iranelection〉などのように、わかりやすさを重視し、情報を直接的に示すような即物的なものが多かった。そこではハッシュタグが動員と発信のための識別子となり、運動のインデックス（索引）としての役割を果たしていたと言えるだろう。

しかしやがて〈#occupywallstreet〉のように、よりキャッチーで含意に富んだもの、問題提起やイメージ喚起の力を強く持ったものが多くなっていく。例えばこのハッシュタグでは、富の象徴であるニューヨークの金融街を「占拠」するよう呼びかけることで、ごく一部の富裕層に富が「占拠」されているという状況が暗黙的に示されていたと言えるだろう。

このように人々の認識に一つの枠組み（フレーム）を与えることで、人々が状況の定義を共有し、さらに特定の価値観、問題意識、変革志向などを共有できるようにすることを、社会運動論では「フレーミング」と呼んでいる。ハッシュタグアクティヴィズムでは、人々が特定のハッシュタグとともに自らの思いを投稿していくが、人々はそこで自らの経験を特定のフレームの中に枠付けることで、それをより公共的なものとして他の人々と共有することが可能になる。そこではハッシュタグが運動のフレームとしての役割を果たしていると言えるだろう。

なお、ハッシュタグのそうした役割が最も顕著に示された事例として挙げられるのは、その後、女性差別への反対を訴えて二〇一七年一〇月にアメリカで始まった〈#MeToo(私も)〉運動だろう。セクシャルハラスメントや性暴力の被害に遭った体験をこのハッシュタグのもとで女性たちが語るとき、それは単なる個人的な告白ではなくなる。社会的な告発となり、問題提起となり、さらに社会変革への意志表明と、そのための連帯表明となる。そこではハッシュタグが、彼女らの個人的な経験に社会的な意味と文脈を与えるものとなっていたと言えるだろう。

コレクティブからコネクティブへ

初期のハッシュタグアクティヴィズムは、とくに「デモ」という形態の抗議行動と強く結び付いたものだった。言いかえればそれは、リアルな場でのデモをオンライン空間からサポートするためのものだった。しかしその後、それはデモ以外のさまざまな活動とも結び付き、リアルな場とオンライン空間との両方の次元を志向しながら、多様な形態の運動を実現するものとなっていく。

例えば二〇一一年三月、大震災直後の日本では、不安と混乱の中でさまざまな運動が姿を現したが、反原発運動以外にもより生活に密着したものとして、節電や買い占め防止などを呼びかける運動が盛り上がりを見せた。そのためのハッシュタグが数多く提案され、さまざまなコミュニティで運用されていく。

まずサブカルチャーの愛好者の間では、アニメ『新世紀エヴァンゲリオン』のエピソードに倣って電力を節約しようという「ヤシマ作戦」を意味する〈#84ma〉や、コメディアンの上島竜兵の芸をもじって物資を譲り合おうという「ウエシマ作戦」を意味する〈#ueshima〉などのハッシュタグが流行していく。

また、コピーライターやデザイナーの間では、節電を呼びかけるキャッチコピーを考案し合うという〈#setsudencopy（節電コピー）〉や、買い占め防止を呼びかけるポスターを制作し合うという〈#nokaishime（ノー買い占め）〉などのハッシュタグが流行していく。とりわけ〈#nokaishime〉の影響は大きく、各地のスーパーマーケットやコンビニエンスストアに実際にポスターが貼られるなど、リアルな場にも広がりながら運動が展開されていった。

一方でアメリカではその後、より多様な形態の運動がより大規模に展開されていく。とくに二〇一四年には、異なるタイプの三つの運動が大きな注目を浴びた。

その一つは先に挙げた〈#BlackLivesMatter〉だ。その前年に生まれたこの運動は、この年の七月にニューヨークで黒人男性が白人警官に暴行を受けて死亡するという事件、さらに八月にミズーリ州で黒人青年が白人警官に射殺されるという事件が立て続けに起きたことを受け、より大きな盛り上がりを見せていく。以後、それは反レイシズム運動の重要なプラットフォームとなる。

もう一つは〈#YesAllWomen（すべての女性がそうだ）〉だ。同年五月にカリフォルニア州で、ミソジニー（女性嫌悪）を募らせたいわゆるインセル（非モテ）の男性が、女性を含む六人を無差別に殺害するという事件を起こしたが、それをきっかけに〈#NotAllMen（すべての男性がそういうわけではない）〉というハッシュタグが男性の間で流行し、この事件を例外視するような論調が広まっていった。一方でそうした動きへの反発から、女性の間で支持されていったのが〈#YesAllWomen〉だった。このハッシュタグのもとで彼女らは、セクシャルハラスメントや性暴力の被害に遭った体験を語り合っていく。以後、それはフェミニズム運動のプラットフォームの一つとして、その後の〈#MeToo〉を準備するものとなる。

さらにもう一つは〈#IceBucketChallenge（アイスバケツチャレンジ）〉だ。筋萎縮性側索硬化症（ALS）患者を支援するために、バケツに入った氷水を頭からかぶるか、ALS協会に寄付をするか、あるいはその両方を行うかという「チャレンジ」をリレー形式で展開していくというチャリティー運動を指すものだ。指名された人はその様子を撮影してSNSで公開し、次の人を指名する。ビル・ゲイツ、スティーヴン・スピルバーグ、テイラー・スウィフトなど、各界の著名人がこぞって参加したことから大きな話題を呼んだ。

こうして二〇一〇年代前半の世界各地の動きと連動しながら、ハッシュタグアクティヴィズムの多様化が進行していった。それはデモのような「抗議する運動」だけではなく、〈#YesAllWomen〉のような「語り合う運動」や、〈#IceBucketChallenge〉のような「助け合う運動」、あるいは〈#nokaishime〉のような「作り合う運動」など、さまざまなタイプの運動を実現するものとなっていく。

そもそも従来の社会運動では、デモのような抗議行動の場合にも、あるいはボランティアのような支援活動の場合にも、多くの人々が「集まる」ことが力の源泉となると考えられていた。そのためそれは「コレクティブアクション（集合行為）」などと呼ばれることも多かった。

ただし人々の「集まり」を実現するためには、それに先立って何らかの「つながり」がなくてはならない。バラバラな個人からいきなりまとまった集合体が作り出されるようなことは考えにくいからだ。そこで重視されていたのが、労働組合や地域団体などの運動組織のネットワークだった。そうした強力なつながりを通じて「強い絆」で結ばれた人々が大量に動員されることで初めて、大規模なデモのような大きな集まりが作り出されると考えられていた。

しかしハッシュタグアクティヴィズムの出現はそうした見方に変革をもたらした。そこではSNSを通じて情報をやり取りしているだけの「弱い絆」で結ばれた人々の間から、大きな集まりが瞬時に作り出される。しかもそれはオンライン空間の中だけではなくリアルな場にも、従来のケースよりもはるかに大規模に作り出される。

そこに見られる人々のつながりは、SNSを通じて縦横に紡がれたものなので、従来の運動組織のネットワークのように強固なものではないが、一方でより広範で、かつ多様性に富んだものだ。そのためそこからは、そのときどきの目的に応じてさまざまな集まりが柔軟に作り出され、その結果、従来のレパートリーには収まり切らないような、多様な形態の運動が実現されることになる。

そこでは「集まり」の力そのものよりも、その基盤となっている「つながり」のポテンシャルに目を向けることのほうがむしろ重要となる。そうした見方から今日の社会運動は、「コレクティブ（集まっている）」というよりもむしろ「コネクティブ（つながっている）」という性格を強く持つものとして、「コネクティブアクション（連結行為）」などと呼ばれることも多くなっている。

顕名性に伴う責任性

そうした性格は、しかしポジティブな方向に作用するだけではなく、ときにネガティブな方向に働くこともある。以下、ハッシュタグアクティヴィズムの正負の面、その「光と影」について、従来の運動のケースと比較しながら考えてみよう。

まず従来の運動では、とくにデモなどの場合、参加者はリアルな場、すなわち現地に赴かなければならず、その点で参加のハードルが高かった。それに対してハッシュタグアクティヴィズムでは、どこからでも運動に参加することが可能なので、参加のハードルが低くなっている。

こうした理解はごく一般的なものだろう。しかしハッシュタグアクティヴィズムだからこそ、逆にハードルが高くなっているという別の一面もある。

というのも従来の運動では、人々は匿名の存在として運動に参加するのが常だった。リアルな場でのデモに誰が参加しているのかは第三者にはわからないし、後から調べることもできない。参加者は群衆の中に溶け込み、その大きな声の一部と化すことになる。

それに対してハッシュタグアクティヴィズムでは、人々は顕名の存在として、つまりSNSのアカウントを明示した状態で運動に参加する。ネット上で誰が何を主張しているのか、そしてそれがどれだけ支持されているのかは、第三者の目にもあからさまに見えるし、しかもその記録が後々まで残る。もちろんすべての参加者が実名を用いているわけではなく、ハンドルネームを用いている者も多いが、しかしそこにも一定のアイデンティティが担保されている以上、それなりに顕名性が高くなっていると言えるだろう。

一般にネット上のコミュニケーションは匿名性が高いと考えられている。確かにそのとおりではあるが、しかし社会運動の場ではむしろ逆のことが成り立つ。つまりリアルな場でのデモよりもハッシュタグアクティヴィズムのほうがはるかに顕名性が高くなっている。

そこからもたらされるポジティブな要素としてまず挙げられるのは、発言の顕名性に伴う責任性という点だろう。つまりハッシュタグアクティヴィズムでは、自分の発言が誰の目にもあからさまに見えてしまうため、人々はあまり無責任な発言をすることはできない。言いかえればそこでは、参加のハードルは低くなっているが、一方で発言のハードルは高くなっていると言えるだろう。その結果、安直な放言がそれなりに抑止されることになる。

発言力の不均衡と情報カスケード

しかしその一方で、顕名性の高さからもたらされるネガティブな要素もさまざまにある。まず挙げられるのは、参加者の間の発言力の不均衡という点だろう。リアルな場でのデモの場合、参加者はいずれも群衆の中の一人であり、有名人だろうと一般人だろうとデモの輪の中に入ってしまえば、その声の大きさに違いはない。それに対してハッシユタグアクティヴィズムの場合、膨大な数のフォロワーを持っている一部のインフルエンサーと他の人々とでは、そもそも声の大きさがまったく違う。

検察庁法改正案抗議運動に参加した歌手の世良公則は、あるテレビ番組の中で次のように語っていた。「『僕の一』と『あなたの一』に変わりはなく、世の中を動かすのは、『一』をたくさん集めることでしかない」。しかしこうした見方とは裏腹に、実際にはむしろ、例えばこの動きで大きな役割を演じた歌手のきゃりーぱみゅぱみゅのように、五〇〇万人ものフォロワーを持っている有名人と一般人とを同じ「一」と見なすことはできないだろう。その発言力、拡散力は桁違いだ。

このようにハッシュタグアクティヴィズムでは、すべての参加者が同等の資格で発言しているわけではない。そのため一部のインフルエンサーの声に引っ張られるかたちで、多くの人々がその主張に同調し、ついリツイートしてしまうこともあるだろうし、あるいは一部の精力的なアクティヴィストが盛んにツイートを繰り返すため、その声ばかりが大きく聞こえてしまうこともある。「一人一票」の民主的な動きがそこに実現されていると楽観的に考えることはできないだろう。

こうしたことからそこでは、「情報カスケード」と呼ばれる現象が起きやすくなっていると考えられる。他者がどう判断しているのかを見て自分の判断を下すという行動を多くの人々が取ることで、同じ判断が連鎖する結果、一つの方向に人々が殺到することになるという、一種の群衆現象を指すものだ。

例えば検察庁法改正案抗議運動の際、改正案の中身は複雑でわかりにくいものだったが、一方で誰がそれに反対しているのかという状況はハッシュタグによって単純化され、見えやすいものになっていた。そのため人々は、改正案の中身というわかりにくい情報を自ら理解して判断を下すよりも、誰がそれに反対しているのかという見えやすい情報を参考にしながら判断を下すようになる。そこで多くの人々の判断に影響を与えることになったのが、一部のインフルエンサーの判断だった。

今日では多くの問題が複雑な背景を持ち、その全容を見通すことがますます困難になっている。しかし一方でＳＮＳの普及により、誰がどう反応しているのかという状況を見渡すことはきわめて容易になっている。このように問題の内実が見通しにくくなっている一方で、他者の動向が見渡しやすくなっているというアンバランスが急速に進行するなかで、人々は前者の情報よりも後者の情報にますます頼るようになったのではないだろうか。その結果、情報カスケードが起きやすくなっている。

そこではハッシュタグにより、「複雑性の縮減」が独特の方式で進められていると言えるだろう。それは複雑な問題をワンフレーズのキーワードに圧縮するとともに、誰がそれに賛同しているのかという、別のレベルの属人的な情報にそれを変換してしまう。その結果、問題の複雑さを処理するための負荷が一気に軽減されることになるため、人々はそうした方式を好んで受け入れる。そのため情報カスケードが加速されることになる。

ウォークとしての自己呈示と集団極化

次にもう一つのネガティブな要素として挙げられるのは、参加者の自己呈示に関わる点だろう。

ＳＮＳ空間は、人々が評価を求めて競い合い、自己呈示のためのパフォーマンスを繰り広げる場、それも市場的な性格を持った場だ。そこで人々は自らの「市場価値」を高めようと、とりわけその「意識の高さ」を競い合う。そのためにあえて社会問題にコミットすることで、自らが進歩的な立場にあることを、言いかえれば「ウォーク(「目覚めた者」という意味の英語スラング)」であることを示そうとする。

ハッシュタグはそのための簡便な手立てとなる。積極的にツイートすればなおさらのことだが、そうしなくても、ハッシュタグの付いた誰かのツイートに「いいね」やリツイートなどのリアクションを示すだけで、その動きへのコミットメントを示すことができるからだ。言いかえればハッシュタグは、ウォークであることの簡易なインデックスとなる。

しかしそれだけに、問題の内実にコミットすることとはまた別に、それは自己呈示のための手立てとして濫用されてしまう可能性もある。つまり自らが「進んでいる」ことを示すためのアクセサリーとして、あるいは他者の注目を引くためのキャッチフレーズとしてだ。そうした場合、ハッシュタグは社会運動のための公共財であることをやめ、参加者各自の自己アピールのためのプロモーションツールと化してしまう。

しかもそこでは、参加者の間でのアピール合戦を通じて運動全体が過激化してしまうこともある。

一般に抗議行動としてのハッシュタグアクティヴィズムは、そのハッシュタグで結び付けられた「味方」が一丸となって「敵」に抗議するという形態を取る。そこではもちろん敵に対して抗議することが運動の眼目となっているが、しかしSNS空間の性格上、そこにはもう一つの眼目があると見ることもできる。味方に向けてアピールすることだ。つまり人々は、敵に対して抗議するという行動を見せることで、味方に向けてアピールしようとする場合がある。そのため敵をあえて強く非難し、運動の熱心な推進者として振る舞うことで、味方からの評価をより多く獲得しようとする。言いかえれば敵への反感をより強く演出することで、味方からの共感をより多く動員しようとする。

しかもそうした行為が参加者相互の間で繰り返されることで、各自の行為がエスカレートしていき、その過程で運動全体が過激化してしまう場合もある。つまり自らが「進んでいる」ことを示そうとして競い合ううちに、みんなが行きすぎてしまうわけだ。その結果、度を越した個人攻撃が行われたり、過激な主張が繰り広げられたりすることになる。

そうした場合、人々は敵に対して何かを言っているように見えながら、実は味方に向けて、言いかえれば自らの背後のオーディエンスを意識しながらそれを言っていることになる。ハッシュタグは、そうしたオーディエンスを確保するための手立てともなる。

こうしたことからそこでは、「集団極化」と呼ばれる現象が起きやすくなっていると考えられる。集団で考えた場合のほうが個人で考えた場合よりも、意見が極端なものになりやすく、行動が過激なものになりやすいという現象を指すものだ。その理由としてさまざまなメカニズムが挙げられているが、とりわけハッシュタグアクティヴィズムの場合には、ウォークとしての自己呈示という点がその一因となっているのではないだろうか。

社会運動か群衆行動か

元来、情報カスケードや集団極化などの現象は、一般に群衆行動、つまり人々の集まりに伴う情動的な行動の中に現れるものだと考えられてきた。また、そうした行動様式が現れるのは、個人が集団の中に埋没してしまうことで、各人の理性や人格が溶解してしまうため、つまり端的に言えば、その匿名性の高さのゆえだと考えられてきた。

ところがハッシュタグアクティヴィズムの場合には、むしろ逆に顕名性の高さのゆえにそれらの現象が起きる。

しかもそこに、ネット上のコミュニケーション全般に伴う匿名性の高さという、相反する条件も加わってくる。つまり一度それらの現象が起きてしまうと、今度はそこに多くの野次馬が群がり、匿名性ゆえの無責任な放言を繰り広げるため、状況がさらに加速されていく。その結果、群衆現象がより大きく燃え広がってしまうことになる。

そこに見られるのは、顕名性の高さと匿名性の高さという相反する条件が相乗するところに生み出される、新しいタイプの群衆行動だと言えるだろう。このようにハッシュタグアクティヴィズムは、新しいタイプの社会運動を生み出すとともに、やはり新しいタイプの群衆行動を生み出すものともなっている。

そもそも社会運動がかつて「コレクティブアクション（集合行為）」と呼ばれるよう

になったのは、群衆行動を意味する「コレクティブビヘイビア（集合行動）」との区別のためだった。情動的で衝動的なものとしての後者から、理性的で組織的なものとしての前者を切り離して捉えることが、社会運動の積極的な再定義のために必要なことだと考えられていたからだ。

しかし現在、それがさらに「コネクティブアクション」と呼ばれるようになるなかで、「コレクティブビヘイビア」との接点があらためて生じてきているのではないだろうか。そのためそこでは、社会運動と群衆行動とを切り離して捉えることが再び困難になっている。そこに生み出されつつあるのは、群衆行動的な社会運動であるとともに、社会運動的な群衆行動でもあり、「光と影」の両面を持った両義的な動きだと言えるだろう。

そうしたことからか、検察庁法改正案抗議運動の際にも、多くの芸能人がこの動きに加わるなかで、そこから批判的に距離を取っていた者もいた。例えばタレントの指原莉乃は、あるテレビ番組の中で次のように語っていた。「たった一人が言っていることを信じて書いている人もいるんじゃないのかな」「本当にそれを信じていいのか、双方の話を聞かずに、どっちもの意見を勉強せずに、偏ったやつだけ見て、『えっそうなのヤバイ広めなきゃ』という人が多い感じがしています」。

指原のこうした指摘は、とりわけ情報カスケードへの懸念を示したものであり、ハッシュタグアクティヴィズムの群衆行動的な側面を批判したものだったと言えるだろう。そのうえで指原は、「勉強」することの重要性を繰り返し指摘していた。

つまり今日、社会状況が複雑化し、その全容が見通しにくくなっているなかで、だからこそ単純さに流されてしまうのではなく、問題の複雑さを理解するためにまず十分に勉強することが大事だ、という考え方であり、的確な指摘だったと言えるだろう。

しかしだとすれば、ハッシュタグアクティヴィズムはその単純さのゆえに、あるいは群衆行動的な側面のゆえに、無益なものとして全否定されてしまってもよいのだろうか。必ずしもそうとは言えないだろう。その「影」の面にも、実はそれなりの意義があるのではないだろうか。

というのも今日、状況はあまりにも複雑なので、勉強することはもちろん大事だが、すべてを勉強し尽くすことはできないし、しかも先が見通しにくいため、勉強しているうちに取り返しのつかない事態になってしまう可能性もある。また、本格的に勉強した者でなければ発言できないとすれば、一部のエリートやエスタブリッシュメントだけに発言権が集中し、現実を維持しようとする方向で議論が進められる結果、それを変革しようとする議論が受け入れられにくくなってしまう可能性もある。例えば気候変動問題など、今日の最もクリティカルな社会問題をめぐる議論ではこうした懸念がたびたび表明されてきた。

だとすればそこを突破するためには、たとえ勉強が足りなくても、自らの素朴な実感に忠実に、感情にまかせて思いを発露するようなこともときに必要となるのではないだろうか。言いかえれば今日の状況は、その複雑性ゆえの硬直性から、理性的な社会運動を通じてすぐに改良できるようなものではなく、その変革のためには、情動的な群衆行動による問いかけや揺さぶりがまず必要となるのではないだろうか。ハッシュタグアクティヴィズムは、その群衆行動的な社会運動、もしくは社会運動的な群衆行動という形態を通じて、そうしたニーズに応えるものとなっていると言えるだろう。

例えば検察庁法改正案反対運動の際には、問題の背景が複雑だったからこそ、逆に素朴な実感に即し、「悪いことは悪い」というような感情論が展開され、それが大きな声となるに至った。だからこそハッシュタグアクティヴィズムがそこで活用されたのだろうし、さらに言えばだからこそ、ミュージシャンを中心とする多くの芸能人がそこに加わることになったのだろう。というのも彼ら彼女らは、素朴な実感に即して思いを発露するという振る舞いの、いわばエキスパートだからだ。

こうしたことからすると、われわれはこの新たな動きを、デモクラシーによる社会運動として一面的に称揚するのでもなく、あるいはポピュリズムによる群衆行動として一面的に軽蔑するのでもなく、社会運動でもあり群衆行動でもあるような両義的な動きとして、その「光と影」の両面に目を配りながら、複眼的に見ていく必要があるのではないだろうか。

第4章

差別と反差別と反・反差別

ナイキのCMをめぐる炎上

二〇二〇年一一月、スポーツ用品メーカーのナイキが公開したCMが大きな話題を呼んだ。「動かしつづける。自分を。未来を。」と題されたもので、在日コリアンやアフリカ系ミックスなどの三人の少女が差別を受けながら、サッカーを通じてそれを乗り越えていく姿を描いたものだった。

その後、二〇二一年五月には新たなCMが公開され、それもまた大きな話題を呼んだ。「New Girl | Play New | Nike」と題されたもので、女の子が生まれることを告げられた夫婦の様子を通じて、女性が受けてきた差別と、それを乗り越えていく新しい時代の女性の姿を描いたものだった。

これらのCMは、日本社会の中に深く根を張っている人種差別、民族差別、女性差別などを力強く告発したものだった。そのためリベラル派からは一様に歓迎され、賛同や共感の意を示すコメントがツイッターなどには相次いだ。

しかしそれを打ち消すように、一部の右派からは批判的なコメントが相次いだ。「ナイキは日本人を差別主義者に仕立てている」「印象操作だ」「プロパガンダだ」「こんなにひどい差別は日本には存在しない」などというものだった。

すると今度はそうした議論そのものに反発し、リベラル派からの反論が繰り広げられる。「差別は存在しないという言い方自体が差別的だ」「差別は明らかに存在しているのに、彼らはそれを覆い隠そうとしている」などというものだった。

こうしてこの件は大きな炎上を招き、左右両派の間に激しい論争を巻き起こすことになった。その様子は海外のメディアなどでも取り上げられ、大きな波紋を呼んだ。ではその背景には何があったのだろうか。この章ではこの問題について考えてみたい。

反差別マーケティングの手法と意図

ナイキは元来、人権問題にとりわけ敏感な企業だった。その原点にあったのは、一九九七年に味わわされた苦い経験だろう。東南アジアの工場で就労年齢に達していない少女たちを劣悪な環境で働かせていたことが発覚し、世界的な不買運動が起きたことから、ナイキは大きな損害を被るに至る。その反省からその後、ナイキは先進的な「人権尊重企業」を目指すことになった。とくに近年ではジェンダーやエスニシティの問題にフォーカスし、反差別のメッセージを強く掲げたキャンペーンを積極的に展開している。

二〇一八年九月には、アメリカンフットボール選手のコリン・キャパニックを起用したキャンペーンをアメリカで展開し、大きな話題を呼んだ。キャパニックは二〇一六年八月、黒人男性が白人警官に殺害されたことに抗議し、国歌斉唱の際に起立することを拒否した選手だった。その後、多くの黒人選手がキャパニックに倣うようになったが、しかし一方で二〇一七年九月には、当時のドナルド・トランプ大統領が彼らを非難し、クビにすべきだと訴えるなど、激しい論争が巻き起こっていた。その渦中に仕掛けられたのがこのキャンペーンだった。なお、二〇一九年四月にはテニス選手の大坂なおみなどを起用し、ナイキはこのキャンペーンを日本でも展開している。

その後、二〇二〇年五月には、黒人男性が白人警官に殺害されるという事件が再び起きたことから、ブラックライブズマター（ＢＬＭ）運動がアメリカで大きな盛り上がりを見せていく。それを受けてナイキは、運動を支援する旨のメッセージを強く打ち出していった。さらに六月には、黒人コミュニティを支援するために多額の寄付を行うことを発表するなど、より実体的なコミットメントに踏み込んでいく。七月に展開された広告にはキャパニックも登場していた。その後、これら一連の流れを受け、やはり反差別のメッセージを強く掲げたキャンペーンとして日本で仕掛けられたのが、前述の二本のＣＭによるものだった。その一部には大坂も登場している。

なお、二〇一八年のキャパニックのキャンペーンの際には、アメリカでもやはり右派からの批判が相次いだ。とくにトランプ支持者の間では、ナイキのスニーカーを燃やす動画がＳＮＳで拡散されるなど、激しい反発が示され、不買運動が呼びかけられた。しかし一方でリベラル派からは、そうした動きそのものへの反論がより強く繰り広げられ、逆にナイキへの支持が呼びかけられた。その結果、コアな支持層を中心に、ナイキはむしろ消費者からの信頼度を高め、ブランド力を強化することに成功したのではないだろうか。そのためもあってか、二〇二〇年のＢＬＭ運動のキャンペーンの際には、右派からの目立った批判が出されることももはやなかった。

こうした経緯からナイキは、その後の日本でのキャンペーンの際にも、右派からの批判が出されるだろうことを、さらにそれに反発してリベラル派からの擁護が繰り広げられるだろうことを、ある程度想定していたのではないだろうか。というよりもむしろ、そうした反応を引き出すことを一つの狙いとしてこのキャンペーンを仕掛けたのではないだろうか。

たとえばアメリカでのBLM運動のキャンペーンの際、ナイキは次のようなメッセージを発していた。「アメリカには問題が存在しないという振りはしないでください」「もう言いわけはしないでください」。その後、日本では一部の右派がさまざまな言いわけをしながら、「日本には差別は存在しない」と主張することになったが、実はそうした態度こそが、ナイキが問題にしたかった当のものだったことが、ここには示されていると言えるだろう。

つまり「差別は存在しない」という主張は、どんな社会にも存在している見えにくい差別を隠蔽し、温存しようとするものであり、むしろ素朴な差別主義の現れだと見ることができる。ナイキの広告は、日本社会の中に深く根を張っているそうした態度をうまく引き出すことになった。言いかえれば一部の右派はそう主張することで、ナイキのメッセージを逆説的に裏付けるようにして、実際には「日本には差別が存在している」ことを、だからこそナイキの問題提起に意義があることを、その意図のとおりに証言させられていたわけだ。

また、やはりアメリカでのキャンペーンの際、ナイキは次のようなメッセージも発していた。「自分に関係のないことだとは思わないでください」「黙って座っているだけでは済まさないでください」。その後、日本ではリベラル派もまた右派と同様に、ナイキのこうしたメッセージに反応するかのような動きを見せていく。事態を静観しているだけでは済まなくなり、右派への反論を繰り広げながら、ナイキの意図を積極的に解説するとともに、その立場を、ひいてはその製品を支持することになった。

もちろん日本の消費者がアメリカの広告に触れていたわけではない。しかしリベラル派も右派もともに、結果的にナイキの意図のとおりに動くことになったのではないだろうか。

今日の広告プロモーション、とりわけSNSを介したそれは、「コミュニケーションデザイン」などと言われることもあるように、企業と消費者との間の、さらに消費者同士の間の相互行為を動機付け、方向付けることを一つの眼目としている。ナイキはそのフロントランナーであり、さらに言えば反差別のメッセージを一種の触媒としてそこに投げ込むこと、いわば「反差別マーケティング」の手法のパイオニアでもある。そうした企業からすれば、この件をめぐる炎上は想定内のもの、というよりもむしろ意図したとおりのものだったのではないだろうか。

右派からの攻撃とリベラル派からの批判

しかし一部の右派からすれば、自分たちの反発さえも企業活動の糧として巧妙に取り込んでしまうかのようなナイキのこうした手口のあざとさが、どうにも気に入らなかったのだろう。そのため彼らはまったく異なる方向から反撃に転じることになる。「ナイキは中国政府と共謀し、ウイグル人の強制労働に加担している」という陰謀論的なフェイクニュースを流布し、「人権尊重企業」であるはずのナイキを逆に「人権侵害企業」

に仕立て上げてしまう、というものだった。

そうした言説の背景となっていたのは、この件をめぐる錯綜した報道だった。二〇一九年五月、ウイグル人の強制労働によって中国国内で生産されている材料を多くのグローバル企業が使用していることが報じられ、その後、二〇年三月には八三の企業がこの件に関与していることが明らかにされた。さらに一一月、「動かしつづける」が公開された直後には、ウイグル人の強制労働を防止するためのアメリカの法案にいくつかの企業が反対していることが報じられた。いずれの報道でも、関連する企業の一つとして挙げられていたのがナイキだった。

しかし実際には、これら一連の動きにナイキが特段に関与していたわけではない。一連の報道の中で挙げられていたのは、欧米や日本の著名なグローバル企業ばかりであり、ナイキはその中の一つにすぎなかった。そればかりかナイキはいち早くこの件に対応し、調査に乗り出すとともに、人権侵害を懸念する旨の声明を発表している。その姿勢は、ユニクロなどの日本企業よりもはるかに積極的なものだった。その結果、ナイキは中国政府の不興を買い、二〇二一年三月には中国国内で不買運動が起きるなど、むしろ中国と対立する関係になっていた。

そうしたなか、しかし一部の右派は、自分たちの見立てに都合のよい報道だけを取り上げ、ナイキを「親中反日」の「人権侵害企業」に仕立て上げていく。つまり「日本人を差別主義者に仕立て、その人権抑圧を批判していながら、その陰では中国政府と共謀し、より大規模な人権侵害を行っているナイキこそが実は差別主義者だ」というような見立てだ。それはナイキへの「意趣返し」を意味するものだったのだろう。

なお、こうした言説は右派、とりわけネット右派の「伝統」に結び付いたものだった。とくに二〇〇〇年代になって中国の超大国化が進み、日本との間の軋轢《あつれき》が増していくなか、彼らはそれまでの「嫌韓」に「反中」を加え、「嫌韓反中」というアジェンダを掲げるようになったが、そこで中国を攻撃するためによく用いられた言説が、「中国はチベット民族を弾圧し、大規模な人権侵害を行っている」というものだった。

元来、人権重視のリベラル派とは対立する立場にあった彼らだが、しかしこのときばかりは人権派に鞍替えし、人権擁護の観点から中国批判を叫ぶ、という姿がよく見られた。とくに二〇〇八年四月には「フリーチベット」というかけ声のもとで、2ちゃんねる発の大規模な反中デモが繰り広げられ、大きな話題を呼んだ。今回のウイグルをめぐる言説も、当時のチベットをめぐるそうした言説のバリエーションの一つだったと言えるだろう。

こうして一部の右派によるナイキへの攻撃は、陰謀論的なフェイクニュースを介して彼ら本来の問題意識の一つ、反中というアジェンダと結び付いてしまった。その結果、そこではより熾烈な攻撃が繰り広げられることになる。

しかもその過程で、彼らにとってさらに本来的な問題意識の一つ、嫌韓というアジェンダも召喚されていく。「動かしつづける」で朝鮮学校の生徒が取り上げられていたことから、今度は中国の件ばかりか、「ナイキは北朝鮮と結託している」というさらに荒唐無稽なフェイクニュースが流布されていく。その結果、ナイキとは何の関わりもない一般の在日コリアンにまで攻撃が及び、激しいヘイトスピーチが繰り広げられることになる。

こうしたことが繰り返されるうちに、やがて右派からの批判がリベラル派からの擁護をはるかに上回るようになってしまう。そのため「New Girl」が公開されたときには、とくにユーチューブのコメント欄は、一部の過激な右派に乗っ取られるような状態になってしまった。そこは罵詈雑言の掃き溜めとなり、フェイクニュースとヘイトスピーチにすっかり埋め尽くされてしまうに至る。

このようにナイキの広告は、一方ではその意図のとおりに、日本社会の中に深く根を張っている素朴な差別主義を明るみに出すことに成功したとは言えるだろうが、しかし他方ではその意図を超え、そのあざとい手法への反発を過剰なまでに招いたことで、より過激でひねくれた差別主義を呼び出してしまったのではないだろうか。

そうした「負の成果」を、単に野心的なマーケティング戦略に伴うリスクの現れとして片付けてしまってもよいのだろうか。

一方、右派からのこうした攻撃の陰に隠れてあまり目立つことはなかったが、リベラル派の一部からもナイキへの批判の声が上がっていた。それもまた右派の場合と同様に、リベラル派の運動の「伝統」に結び付いたものだった。

二〇〇九年六月、東京・渋谷区の宮下公園のネーミングライツをナイキが取得し、その改修を行うことが発表されたが、その計画は、公園に野宿しているホームレスを排除することにつながり、公園の公共性を損なうものだとして、市民の間に激しい反対運動が巻き起こった。しかし二〇一〇年九月、区は公園を封鎖し、野宿者を強制排除するに至る。そのため大規模なデモが繰り広げられたが、しかしナイキはその後、公園の名称を変更することは断念したものの、着々と工事を進めていった。

このようにナイキは、かつてはホームレスの人権を軽んじ、配慮の姿勢を見せることもなかったのに、今回はエスニックマイノリティや女性の人権をことさら重視する姿勢を見せている。つまり「商売になりそうな人権は大事にするが、そうではない人権はどうでもよい、とでもいうようなその姿勢は、差別や人権に関わる社会正義を恣意的に『商用利用』しているものなのではないか」というのが一部のリベラル派の指摘だった。この件をめぐる問題の核心を突いたものだったと言えるだろう。

差別の相

このようにこの件の背景には複雑な状況があった。とくに差別の問題をめぐる動きとして整理してみると、そこには三つの相があったと見ることができるだろう。

まず第一に、素朴な差別主義として表出され、日本社会の中に深く根を張っている「差別」の相、第二に、それに対抗するものとしてナイキから提示され、リベラル派から支持されることになった「反差別」の相、第三に、さらにそれに反発するものとして一部の右派から提示され、より過激でひねくれた差別主義として表明されることになった「反・反差別」の相だ。

ではこれら三つの相の間にはどのような関係があるのだろうか。以下、より深く考えてみよう。そのためには差別をめぐる動きについて、より構造的に考えてみる必要がある。

そもそも差別が存在するのは、マジョリティとマイノリティとの間に「権力勾配」が存在するからだ。つまりマジョリティに与えられている権力と、マイノリティに認められている権力との間には不均衡があるという考え方だ。しかも歴史的な経緯から、それは社会構造の中に深く埋め込まれてしまっているため、是正することは容易ではなく、その存在に気付くことすら簡単ではない。

その結果、マジョリティには社会的強者としての位置付けが、マイノリティには社会的弱者としての位置付けが、ごく当たり前のものとして割り当てられてしまっている。そのため人々が特段に差別的な意識を持っていなくても、そうした構造に従って行動しているだけで、マイノリティが不利な扱いを受けてしまうことが往々にしてある。

つまり多くの制度や慣習が、男女間、人種間、民族間などの不平等を前提として形作られてきたという経緯があるため、その中で無自覚に暮らしているだけでは、差別が無批判に再生産されてしまう。そうした状況を改善するためには、社会構造そのものを絶えず問い直し、そこに埋め込まれているさまざまなモチーフを、差別の再生産装置として摘発していく必要がある。

ところがそこで「日本には差別は存在しない」と主張することは、そうした取り組みを妨げてしまうものとなる。つまり既存の社会構造を問い直すことを拒否し、そこに埋め込まれている権力勾配を不可視なままにしておくことを意味するものだ。無自覚であることは無批判であることであり、その結果、差別は温存されてしまう。もしくは再生産を通じて増幅されてしまう。

そうした態度はその素朴さから、つい広く受け入れられてしまいがちなものだが、しかしむしろその素朴さのゆえにこそ、本来的に差別的なものだと言えるだろう。ここに見られるのが第一の相、差別の相だ。とくに日本社会の中には、こうした素朴な差別主義が今もなお深く根を張っているのではないだろうか。

反差別の相

そうした状況を改善するために、マイノリティはマジョリティに対して異議申し立てを行う。ただしそこで実際に声を上げるのは、必ずしも当事者としてのマイノリティばかりではない。むしろ一般のリベラル派の人々がより広く声を上げることになる。たとえば女性差別に反対する男性や、外国人差別に反対する日本人なども多いが、そうした人々は必ずしも差別されている当事者ではない。

もちろんフェミニストの女性のように、当事者としてのマイノリティであると同時に、リベラル派でもあるような人々も多いが、しかしその周囲には、必ずしも当事者ではないものの、声を上げている多くの人々がいる。そうした声が当事者の声を広げ、より大きな声にしていくことで、異議申し立ての陳情が世論として成り立つことになる。

リベラル派がそうしてマイノリティを代弁しようとするのには、いくつかの理由がある。その一つは、マイノリティが声を上げにくい立場にあるからだ。権力勾配の下位に置かれている以上、その声を上方に届けることは容易ではないし、さらにそもそうした地位に置かれていること自体を認識せず、当たり前のこととして受け入れてしまっている人々も多い。そうした場合には、声を上げるという発想そのものが封じ込められてしまう。

このように自ら声を上げることができない人々を「サバルタン」と呼ぶが、だとすれば誰かが彼らに代わって声を上げ、状況を告発していく必要がある。そうした役割を担ってきたのは、とくにジャーナリスト、言論人、学者などの知識人であり、その活動の場であるマスメディアだった。そうした存在がリベラル派の中核をなしている。

また、彼らがマイノリティを代弁しようとするもう一つの理由は、差別が社会構造そのものの問題である以上、その社会に住んでいる者は誰であれ、それを他人ごととして済ますことはできないからだ。つまり当事者であろうとなかろうとすべての市民は、それを問い直していく資格を持つと同時に、その義務を負っていることになる。

そうしたことからリベラル派は、とくにジェンダーやエスニシティの問題にフォーカスしようとする。ほかにもさまざまな種類の社会的弱者は存在するが、社会構造そのものの問題としてユニバーサルな意味を持っているのは、とくにこれらに関わるマイノリティの問題だからだ。

その結果、リベラル派は、社会的弱者としてのマイノリティと連帯し、社会的強者としてのマジョリティに対して異議申し立てを行うことになる。ここに見られるのが第二の相、反差別の相だ。今回の件ではリベラル派の「前衛」として、その先導者となっていたのがナイキだった。

反・反差別の相

ただしリベラル派そのものは必ずしも社会的弱者ではない。その中核をなしている知識人やマスメディアは、そもそも大きな発言力を持っている存在だ。そうした発言力、そしてそれを支えている高度な知識や特別な地位があるからこそ、彼らはマイノリティを代弁し、その声を広げていくことができるわけだ。言いかえれば彼らの発言力は、マイノリティがマジョリティに対抗していくための一つの武器となる。

しかしだとすれば彼らは、マジョリティとは立場が異なるが、やはりある種の社会的強者として位置付けられることになる。とりわけその高度な知識や特別な地位のゆえにだ。そのためそこには、やはりある種の権力性、もしくは特権性がまとわり付くことになる。そうした点を問題にしていったのが一部の右派だった。

つまり右派の側からすれば、リベラル派はジェンダーやエスニシティに関わるマイノリティばかりを社会的弱者と見なし、守ろうとしているが、しかし実際にはむしろマジョリティの中にこそ「真の弱者」がいる、彼ら自身がそうした存在だ、という。ところがリベラル派はその発言力、さらにその知識や地位を盾に、自分勝手な正義感ばかりを振りかざし、自分たちが守りたいものだけを守ろうとする。その結果、真に守られるべき存在、すなわち彼ら自身が守られなくなってしまっている、という。

アメリカではそうした人々がとくにトランプ政権のもとで、いわゆるラストベルト（中西部の「錆びついた工業地帯」）の労働者として集団化し、右派運動を支える一大勢力となっていた。彼らの多くは白人であり、男性であり、つまりマジョリティとして位置付けられている人々だが、しかし社会情勢の変化の中で、今や凋落の危機に瀕し、メジャーな位置からずり落ちてしまうのではないかという危機感に強く駆られていた。

そうした彼らの目には、リベラル派は横暴な権力者として映っていたのではないだろうか。つまりその発言力を盾に、自分勝手な正義感を振りかざして彼らを邪魔立てしようとしている者、というイメージだ。

その後ろ盾となっていると見なされたのは、その高度な知識や特別な地位だ。だとすればリベラル派は、いわば知的特権階級であり、その高みから彼らを見下ろしている高慢なエスタブリッシュメントだ、ということになる。

そこではリベラル派が社会的強者として、一方で右派が社会的弱者として位置付けられ、両者の間にはやはりある種の権力勾配が存在すると考えられていた。つまりリベラル派の権力、とりわけその発言力、知識、地位などと、彼らの権力との間には不均衡があるという考え方だ。

さらにそこでは右派が、リベラル派の旺盛な発言力の前でその訴えを退けられ、押し黙らされている存在、つまりサバルタンにされてしまっていると考えられていた。

このように右派運動の場では、皮肉なことに、左派運動の構成原理がそのまま裏返しにされてしまっている。そのためそこでは、リベラル派がマイノリティと連帯しながらマジョリティに対して異議申し立てを行うのと同様に、右派がリベラル派に対して異議申し立てを行うことになる。ここに見られるのが第三の相、反・反差別の相だ。

しかもそこで問題とされているリベラル派の権力は、所与のものとして存在しているだけではない。反差別の相を通じて構築され、強化されていくものでもある。つまり反差別運動を通じてリベラル派がその主張を強く訴えれば訴えるほど、社会的な合意や賛意がそこに寄せられ、リベラル派への信任が増していく結果、その発言力がさらに高まり、権力がさらに増すことになる。

今回の件では、そうしたメカニズムにナイキが目を付け、自らのブランド力を強化するために反差別運動を利用しているのではないか、そのために日本社会の中の差別主義をあえて強調しているのではないか、という点が一部の右派から問われていた。そうした手口がどうしても気に食わなかったため、ナイキを利することになる反差別運動に彼らは強く反発し、反・反差別運動を繰り広げることになったのだろう。

以上のようなことからすると、今回の件は、差別の相、反差別の相、反・反差別の相という三つの相をめぐる構造の中で生じたものだったと見ることができるだろう。

なお、そこでは二つの異なる権力勾配が想定されていることに注意しておく必要があるだろう。つまり反差別の相ではリベラル派により、マジョリティとマイノリティとの間の権力勾配が問題とされているのに対して、反・反差別の相では右派により、リベラル派と右派との間の権力勾配が問題とされている。このようにそれぞれの問題意識の中で、その基礎となっている権力構造の認識が異なるため、左右両派の議論が嚙み合うことはない。その結果、そこでは嚙み合わない戦いが延々と繰り広げられることになる。

戦術としてのヘイトスピーチ

そうした戦いの中でも最も熾烈に繰り広げられるのは、反・反差別の相でのものだろう。そこでは右派がリベラル派を強く敵視し、激しい攻撃を仕掛ける。その際、彼らはいくつかの戦術を用いるが、それらはリベラル派と右派との立ち位置の違いに基づいて考えられた、彼ら独自のものだ。以下、この点について考えてみよう。

一般にリベラル派は社会の中で、学校の先生のような立ち位置にあると言えるだろう。つまり新しい社会規範を唱道し、人々を啓蒙する「進歩派」の先生、というイメージだ。

しかし右派の側から見れば、リベラル派は「えこひいき」している先生に映る。つまり特定のマイノリティばかりに肩入れする一方で、自分たちをないがしろにしている不公平な先生、というイメージだ。

そのため不満を持った生徒たちは先生に反発するが、しかし両者の間には知識や地位の点で大きな開きがあるため、まともにやり合っても勝ち目はない。リベラル派の中核をなしているのは知識人やマスメディアなど、大きな発言力を持っている存在だからだ。そこで彼らはいくつかの戦術を用いることになる。

その一つは、「えこひいき」されている生徒をいじめるというものだ。つまり先生が守ろうとしている生徒をいじめ、ひどい目に遭わせてしまえば、先生の面目はつぶれ、先生を困らせることができる。それは強い者を困らせるための効果的な方法の一つだろう。そのためにあえて弱い者がターゲットとされる。

そうしたことから一部の右派の攻撃は、マイノリティを弱者認定している社会的強者としてのリベラル派よりも、もしくはそれと並行して、むしろ弱者認定されているマイノリティそのものへと向かう。その結果、エスニックマイノリティや女性など、社会的弱者への差別があえて強調され、ヘイトスピーチが繰り広げられることになる。

日本では近年、とくに在日コリアンをターゲットとするヘイトスピーチが繰り返されてきたが、その急先鋒だった「在日特権を許さない市民の会（在特会）」の幹部はかつて、「我々の運動は階級闘争だ」と宣言し、次のように語っていた。「恵まれた人々によって在日などの外国人が庇護されている。差別されてるのは我々のほうですよ」。

ここには今日的なヘイトスピーチの論理が圧縮されていると言えるだろう。つまり「恵まれた人々」であるリベラル派から「差別されている」一部の右派が、リベラル派との「階級闘争」のために、リベラル派に「庇護されている」在日コリアンをあえて排撃するというものだ。そこではリベラル派への彼らの敵意が、「階級闘争」とは何の関わりもない在日コリアンに向けられている。それは「えこひいき」という思い込みに伴う「いじめ」の論理だと言えるだろう。

今回の件でも、ナイキとは何の関わりもない一般の在日コリアンに攻撃が及び、激しいヘイトスピーチが繰り広げられた。とりわけ朝鮮学校の生徒など、これまでもさんざんひどい目に遭わされてきた社会的弱者がまたターゲットとされた。

そうした卑劣な行動を彼らが取ったのは、彼らが在日コリアンを本気で憎んでいたからではないだろう。むしろナイキの手口がどうしても気に食わなかったので、ナイキが守ろうとしているものにあえて害を加えることで、その意図を挫こうとしたのではないだろうか。それはナイキへの当てつけであり、リベラル派をやり込めるための彼らなりの戦術の一つだったと言えるだろう。

戦術としてのフェイクニュース

彼らが用いるもう一つの戦術は、偽情報をひねり出すというものだ。すなわちフェイクニュースや陰謀論などだが、そこにもやはり彼らなりの戦略がある。それはいわば、知識の点で歯が立たない相手である先生に対して生徒たちがどう立ち向かうか、という点に関わるものだ。

知的特権階級とやり合おうとするとき、相手の土俵、つまり知的な論争という場で戦ってしまっては、彼らには勝ち目がない。そこで彼らはそうした場そのものを無効化し、相手が力を出せないようにしてしまおうとする。そのためにはそうした場のルール、つまり実証という手続きを踏まえて相手と論争しなければならないというルールそのものを無化してしまえばよい。そこでフェイクニュースや陰謀論など、ルール無視の言論があえて持ち出されることになる。

それに対してリベラル派はファクトチェックなどを通じて、それが偽情報であることを指摘する。つまり実証の手続きに基づくものではないことを実証するわけだが、しかしいくらそう指摘されても彼らにはこたえない。ルール違反だと非難されても、そもそもルールを無化するためにやっていることなのだから、痛くもかゆくもないわけだ。そればかりか彼らは、あくまでも実証という地道な手続きを通じて応戦するしかないリベラル派をあざ笑うかのように、突飛な偽情報を次々とひねり出してきては、リベラル派を混乱させ、疲弊させる。

今回の件でも、「ナイキは中国と共謀している」「北朝鮮と結託している」「ウイグル人の強制労働に加担している」など、陰謀論的なフェイクニュースが次々と考案された。それらは彼らの攻撃に口実を与えるとともに、そこに気勢と活気をもたらすことになった。

とはいえそうした荒唐無稽な言説を、彼ら自身も本気で信じていたわけでは必ずしもないだろう。というよりも彼らにとっては、それらが事実かどうかはそもそもあまり問題ではなく、むしろナイキへの攻撃材料になるかどうかという、利用価値の点のみが重要だったのではないだろうか。だとすればこうした手法もまた、リベラル派をやり込めるための彼らなりの戦術の一つだったと言えるだろう。

このように反・反差別の相では、ヘイトスピーチやフェイクニュースなどの手法が彼ら独自の戦術として用いられ、それらを通じてリベラル派への攻撃が仕掛けられる。

一般にこれらの行為は、いわゆる反知性主義的なものだとされ、彼らの無知さや蒙昧さのゆえに、つまり彼らに知性が足りないためになされるものだと考えられている。しかし実際には必ずしもそうではないだろう。

それらは戦術である以上、意図的で戦略的な行為だ。だとすればそれらがなされるのは、むしろ彼らがある種の知性を備えているからだと言えるだろう。より正確に言えば「悪知恵」を持っているからだろう。

そこにはリベラル派の知とはまた異なるあり方の知、より実践的で狡猾《こうかつ》な彼らなりの知の働きを見ることができる。むしろ彼らは存分にその「知謀」を巡らせ、「知略」を働かせているのではないだろうか。

素朴な差別主義と過激な反・反差別主義

以上のような構造を踏まえつつ、ここであらためて差別の問題について、とりわけ差別主義のあり方という面から考えてみよう。

一般に差別主義には、差別の相に見られる素朴な差別主義と、反・反差別の相に見られるより過激でひねくれた差別主義、すなわち反・反差別主義とがあると考えることができる。実際には両者は入り混じって現れ、互いに支え合いながら総体としての差別主義を成り立たせているものだが、しかしその性格には原理的な違いがある。

まず素朴な差別主義は、どんな社会にも古くから存在しているものであり、因習的で無自覚的な差別行動を生み出すものだ。それはマジョリティの特権を守ろうとする意識から生み出されるものであり、そのためどこか防衛的な性格を持っている。

それに対して反・反差別主義は、ヘイトスピーチやフェイクニュースなどを通じて、意図的で戦略的な、それゆえにより過激でひねくれた差別行動を生み出すものだ。それはリベラル派の越権を叩こうとする意識から生み出されるものであり、明確な敵対感情に基づくものなので、むしろ攻撃的な性格を持っている。

元来、素朴な差別主義は身分制や家父長制など、前近代的な社会制度の名残を今日に留めているものであり、いわゆる封建遺制の一部として捉えることができるだろう。一方でそうした制度を撤廃するために繰り広げられてきたのが、さまざまな種類の反差別運動であり、反差別の相の動きだった。そのためその起源は、近代社会の幕開けにまで遡ることができる。

つまりフランス革命などの市民革命を経て、身分や属性に基づく差別はある程度は取り除かれたものの、廃絶されたわけでは決してなかった。例えば男性と女性、白人と有色人種、植民者と被植民者など、さまざまな種類のマジョリティとマイノリティとの間には依然として格差があり、それらをめぐってさまざまな運動が繰り広げられてきた。フェミニズム運動、公民権運動、ポストコロニアル運動などだ。その過程で素朴な差別主義は少しずつ削り取られ、切り崩されてきたと言えるだろう。こうしたことからすると、近代史とはある意味で、反差別の相が差別の相を切り崩してきた過程だったと見ることもできるだろう。

ところが二〇世紀終盤以降、そうした動きへのバックラッシュ（反動）が世界各地で見られるようになる。例えばアメリカでのアファーマティブアクション（積極的格差是正措置）や、ヨーロッパでの移民保護政策など、マイノリティを保護するための福祉政策に対して、「逆差別だ」などという反発の声がマジョリティの一部から上がり、そこから「福祉排外主義」と呼ばれるような新たな差別主義の考え方が現れてくる。

それは単純に差別を肯定しようとするものではなく、福祉国家の再分配政策に伴って生じる「逆差別」を批判するかたちで差別を正当化しようとするものだ。つまりマイノリティが優遇され、マジョリティが冷遇されていると主張することで、格差を是正しようとする動きを逆方向に巻き戻そうとするものだ。反差別運動の成果としての福祉政策への反発から生み出されたそうした動きは、素朴な差別主義の現れではもはやなく、反・反差別主義の現れ、もしくは両者が結び付いたものだと見ることができるだろう。

その後、そうした考え方は大きな広がりを見せ、日本のネット右派なども含めて、今日では右派ポピュリズムの世界的な風潮を支えるものとなっている。そうした流れの上に成立したのがトランプ政権だったとも言えるだろう。そこではヘイトスピーチやフェイクニュースがまさに戦略的に用いられていたことは周知のとおりだ。

ポストモダンな現象としての反・反差別主義

このように反・反差別主義は、「近代のプロジェクト」としての反差別主義に挑戦するものであり、その意味ではポストモダンな現象だと捉えることができるだろう。さらに言えば差別の相、反差別の相、反・反差別の相という三つの相は、それぞれプレモダン、モダン、ポストモダンな立場に対応するものだと考えることもできるだろう。

こうしたことからすると、今日では、差別主義のあり方としてより深刻な問題をもたらしているのは、素朴な差別主義よりもむしろ反・反差別主義のほうなのではないだろうか。

というのも素朴な差別主義は、プレモダンな現象としてなおも根強く生き残ってはいるが、数世紀にわたる不可逆的な歩みの中で徐々に切り崩されてきたものであり、少しずつではあれ、弱まっていく流れにあるものだ。そのため防衛的な性格を持ち、例えば既得権益にしがみつこうとする高齢男性の失言などから、いわば断末魔的に表出されることが多い。

それに対して反・反差別主義は、ポストモダンな現象としてむしろ近年になって強まってきたものであり、しかも攻撃的な性格を持つものだ。ヘイトスピーチやフェイクニュースなどを通じて、例えばレイシストやミソジニスト（女性嫌悪者）のグループなど、敵意に凝り固まった社会集団から、露骨な人権侵害行為として確信犯的に表明されることが多い。

こうしたことからすると、その「危険度」がより高いのは、それゆえに反差別運動がより慎重に対処していかなければならないのは、やはり反・反差別主義のほうだと言えるだろう。

しかし多くの場合、反差別運動の担い手としてのリベラル派は、素朴な差別主義に対しては強い意識を持っている一方で、反・反差別主義に対しては、そのメカニズムを意識することもあまりなく、というよりも素朴な差別主義と区別して考えようとすることもあまりなく、両者を一緒くたにして捉えてしまっているところがある。言いかえればすべての差別主義とは素朴な差別主義であり、古くから存在しているものだと考えてしまっているところがある。

リベラル派がそうした見方をしてしまいがちなのは、「進歩派」としてのそのスタンスによるものだろう。というのも差別主義に対する彼らの批判は、モダンな立場の「新しさ」の側から、プレモダンな現象の「古さ」を否定するというスタンスで行われることが多い。言いかえれば「新しさ」の側から「古さ」を見る、もしくは見下すという視線のもとで行われることが多い。

しかしそうした視線のもとでは、ポストモダンな現象としての反・反差別主義を捉えることはできない。なぜならそれは彼ら自身よりも「さらに新しい」ものであり、彼らの視線の向きとは逆の側に存立するもの、つまり彼らの背後に位置するものだからだ。

そのためリベラル派は、ときにその背後からわけもわからぬままに、反・反差別主義のもとに結集した右派の急襲を受け、攻撃を仕掛けられることになる。ナイキの件をめぐって起きた動きもそうしたものだったのではないだろうか。

リベラリズムの理念とコマーシャリズムの利便

ここであらためてナイキの広告について考えてみよう。それは一方ではその意図のとおりに、素朴な差別主義を明るみに出し、その根絶に向けて果敢な貢献を成したとは言えるだろうが、しかし他方ではその意図を超え、反・反差別主義を過剰なまでに呼び出してしまい、その結果、よりおぞましい状況を招来することになった。

もちろんそうした状況を作り出したのは一部の右派であり、ナイキがその責任を全面的に問われるべき筋合いはない。しかし今日では、ナイキが根絶しようとした素朴な差別主義よりも、ナイキが呼び出してしまった反・反差別主義のほうがむしろ深刻な問題をもたらしているという状況から考えると、そうした「負の成果」を見過ごしてしまうわけにもいかないのではないだろうか。

では今回の件は、なぜそれほどまでの反発を右派の間に呼び起こしてしまったのだろうか。そこにはやはりナイキの手法の影響があったと見るべきだろう。つまりナイキは、自らの商業的な「新しさ」をアピールするためにリベラル派の政治的な「新しさ」を利用し、さらにそれとの対比で日本社会の「古さ」を利用しているのではないか、と問われていたのではないだろうか。

ここで同時に、一部のリベラル派から上げられていた批判の声を思い出してみよう。宮下公園の件をめぐるものだ。そこではやはりナイキの姿勢、とりわけ政治的なものと商業的なものとを恣意的に結び付けようとするその姿勢が批判されていた。つまりナイキは、差別や人権に関わる社会正義を恣意的に「商用利用」しているのではないか、と問われていた。

こうしたことからすると、実はリベラル派からの批判も右派からの反発も、そのきっかけとなっていたのは同様の問題意識だったと見ることができるだろう。つまりリベラリズムの理念がコマーシャリズムの利便として流用され、転用されてしまったことへの批判、そしてそうした手口のあざとさへの反発、というものだろう。

このように今回の件では、リベラル派と右派との対立という構図がその背景にあったことは確かだが、しかしそこに火をつけ、そうした対立をより先鋭的なものにしてしまったのは、むしろある種のコマーシャリズムだったと見ることができる。言いかえればナイキの商業的な野心が、左右両派の間に政治的な炎上を呼び起こしてしまったのではないだろうか。

しかしその結果、最も深刻な被害を受けることになったのは、リベラル派でも右派でもなく、ましてやナイキでもなく、一般の在日コリアンなど、一連の抗争とは何の関わりもないマイノリティだった。これまでもさんざんひどい目に遭わされてきたそうした人々が今回もまたターゲットとされ、さらにひどい目に遭わされることになった。元来はそうした人々を救い出すために始められた動きだったにもかかわらず、むしろ逆の状況が招来されてしまったというのは、何とも皮肉なことだろう。

このように今日では、差別をめぐる動きはますます複雑なものとなっている。そうしたなかで反差別運動は、一方ではこれまでのように素朴な差別主義の根絶を訴えていく必要があるだろうが、他方では反・反差別主義の抑止を考えていく必要もあるのではないだろうか。

ただし後者の面に配慮するあまり、つまり反・反差別主義を呼び出してしまうことを恐れるあまり、素朴な差別主義を批判することを差し控えるようなことがあってはならない。なぜならそれは「近代のプロジェクト」として、不可逆的な歩みの中にあるものであり、そのためそうした歩みを止めることはできないし、止めるべきでもないからだ。

しかし一方で前者の面に傾注するあまり、つまり素朴な差別主義がすべての元凶だと考えてしまうことで、反・反差別主義のメカニズムが見えなくなってしまうようなことも望ましくないだろう。例えば高齢男性の失言を摘発することも大事だが、ヘイトスピーチやフェイクニュースのメカニズムを分析することはそれ以上に重要なのではないだろうか。

ここでナイキの有名なコーポレートスローガンを思い出してみよう。「Just Do It」というものだ。アクティブでシンプルなそうした態度が好ましいものであることは言うまでもないが、しかし今日の反差別運動には、同時により複眼的な視座が、そして自省的な姿勢が求められているのではないだろうか。

第5章

誹謗中傷と共感市場主義

努力している者がなぜ叩かれるのか

二〇二〇年五月、フジテレビ系列のリアリティ番組「テラスハウス」に出演していた女子プロレスラーの木村花が死亡するという事件が起きた。男女六人がシェアハウスで暮らしながら繰り広げる恋愛模様を見せるという番組だったが、そこでの言動をめぐってインスタグラムやツイッターなどに視聴者から寄せられた誹謗中傷のコメントを苦にしての自殺だったと見られる。そうしたコメントは四月ごろから多くなり、事件の直前には毎日一〇〇件近くにも及んでいたという。

この事件を機に、SNS上の誹謗中傷という現象が深刻な社会問題として捉えられるようになり、その対策に向けて議論が進められていった。九月には総務省が政策パッケージを発表した。ユーザーへの呼びかけ、プラットフォーム事業者への働きかけ、発信者情報開示に関する取り組み、相談体制の整備という四つの柱を軸とするものだったが、なかでも発信者情報開示に関しては、手続きを簡素化するための法整備が急ピッチで進められ、二〇二一年四月にはプロバイダ責任制限法の改正が成立するに至った。

こうしてさまざまな対策が進められていったものの、しかし問題が収束することはなかった。とくに同年七月に開会した東京オリンピックの際には、開会前からのものも含めて選手への誹謗中傷が相次ぎ、大きな社会問題となった。池江璃花子、大坂なおみ、瀬戸大也、水谷隼、五十嵐カノア、橋本大輝など、多くの選手がターゲットとされたことから、ＪＯＣ（日本オリンピック委員会）やＩＯＣ（国際オリンピック委員会）のほか、各種の競技団体も対応に乗り出すに至った。

もっとも彼ら彼女らへの誹謗中傷にはさまざまなものがあり、内容の点から見れば、それらを一括して扱うことには無理があるだろう。例えば池江や大坂に対するものには、開会の是非をめぐる意見や人種差別的な偏見をぶつけたものなど、政治的なものが多く、一方で瀬戸に対するものには、いわゆる不倫バッシングに類するものが多かった。

しかし人一倍努力してきた選手に対して、何の関わりもない人々が、しかもテレビなどでその様子を見てきたにもかかわらず、心ないことを言うという構図そのものは、いずれのケースにも共通するものであり、木村のケースにも通じるものだろう。例えば木村は若手プロレスラーとして奮闘している様子を、ときに空回りするほどの気負いとともに示してきたし、あるいは池江は白血病からカムバックを果たした経緯を、その奇跡的な努力とともに伝えてきた。

このように今日では、とくに芸能人やスポーツ選手など、本来は人気者であり、しかも人一倍努力していると見られる者が叩かれるようなケースが増えている。そうした場合、言われた当人にしてみれば、なぜ自分が言われなければならないのか、という思いは人一倍強いだろうし、そのため最悪のケースでは、木村のような選択に至ることになる。

明らかに悪いことをした者に対してならまだしも、そうではない者、それどころかむしろ応援されてしかるべき存在に対して、なぜ誹謗中傷が行われるのだろうか。その背景には何があるのだろうか。この章ではこの問題について考えてみたい。

誹謗中傷のネット小史

まず初めに、ネット上の誹謗中傷という現象の来歴をごく簡単に振り返りながら、その内実がどのように移り変わってきたのかを見ておこう。

この現象を最初に世に知らしめたのは、インターネットの普及に先立つパソコン通信の時代に、大手サービスのニフティサーブで起きたいくつかの訴訟事件だった。一九九四年四月の「現代思想フォーラム」事件、九九年二月の「本と雑誌のフォーラム」事件などだ。

これらはいずれも、ある者に対して別の者が誹謗中傷を行ったことの責任を、当人だけではなくプラットフォーム事業者などにも問うことができるかどうかが争われた訴訟だった。今日のプロバイダ責任制限法をめぐる議論の端緒となったものだ。

このようにそこでの誹謗中傷とは、主として一対一の当事者間、それもネット上の知り合い同士の間の行為を意味するものだった。論争が激化して言い争いになり、さらに激しいいさかいになるに至ったものだ。

当時、アメリカでは「ＣＭＣ（コンピューターに媒介されたコミュニケーション）研究」と呼ばれる分野で、「フレーミング」と呼ばれる現象の調査が進められていた。「燃え上がること」という意味で、日本語の「炎上」に近い語だが、それとはやや異なり、とくにネット上のコミュニケーションに伴う個人間のいさかいを指すものだ。

その主な原因として考えられていたのは、「手がかり欠如」、つまり名前や身分、口調や表情などの文脈的な情報が、ネット上のコミュニケーションでは欠落してしまうという状況だった。古典的な解釈だと言えるだろうが、ネットの草創期にはそうした状況がとくに顕著に現れたことから、誹謗中傷が起きやすくなったのではないだろうか。

こうしたことからこの時期を、まずこの現象の第一期として捉えることができるだろう。ネット上の誹謗中傷は、そこでは一対一の当事者間の行為として捉えられることが多かった。

透過性と匿名性とのアンバランス

しかしその後、インターネットが普及し、掲示板、ブログ、そしてSNSの時代になると、誹謗中傷の形態も変化していく。それは一対一の当事者間のものから、多対一の、しかも相手とは何の関わりもない多数の第三者によるものとなる。

そうした動きの先導役となったのは、とくに匿名掲示板の2ちゃんねるのユーザー、「2ちゃんねらー」だった。彼らはブログなどを渉猟し、気に食わない言動をアップしている者を見つけてきては、寄ってたかって誹謗中傷のコメントを書き込む。ある主婦のブログをターゲットとして二〇〇三年五月に起きた「JOY祭り」などを嚆矢に、彼らの「祭り」が繰り返されていき、そうした動きは二〇〇五年ごろから「炎上」と呼ばれるようになる。その後、SNSが普及していくと、さらに一般のSNSユーザーも広く巻き込みながら、それは次第に大規模化していった。

やがてそこに大きな事件が起きる。二〇一三年六月、岩手県議会議員の小泉光男が死亡した事件だ。ブログに寄せられた誹謗中傷のコメントを苦にしての自殺だったと見られる。

そのきっかけとなったのは小泉自身のブログ記事だった。病院で受診した際に番号で呼ばれたことに腹を立て、「ここは刑務所か！。名前で呼べよ」などと記したことが反発を呼び、ブログが炎上するに至った。その後、騒ぎはどんどん大きくなり、謝罪会見の様子がテレビの全国ニュースで取り上げられるなど、深刻な事態に至ってしまったことを受けての選択だったと見られる。

この事件が起きたのは、バイトテロ騒動がピークを迎えた二〇一三年の夏であり、その構造もバイトテロ騒動の場合と同様だった。そのため2ちゃんねらーの告発を受け、一般のSNSユーザーばかりかマスメディアまでもが叱責者となり、小泉が「やらかして」しまったことを一斉に攻め立てたため、そうした行為そのものが誹謗中傷に当たるという見方はほとんどなかった。

しかし今日の視点から見れば、そのバッシングの激しさは常軌を逸しており、また、ターゲットとなった者が同様に自死に至ったという点からしても、この事件は今回の木村の事件の先駆となるものだったと位置付けられるだろう。

当時、こうしたタイプの誹謗中傷が起きやすくなったのは、さまざまなツールの普及に伴ってネット上のコミュニケーションの構成が変わり、とくに透過性と匿名性という、相補的な二つの性質に変化が生じたためだと考えられる。

まず中傷される側からすれば、ブログなどを通じて自分の言動が誰からも見えるようになり、透過性が高くなったため、何をやってもネタにされてしまうようになる。一方で中傷する側からすれば、逆に掲示板などの場で発言の匿名性が高くなったため、何を言っても許されてしまうようになる。つまり一方では透過性が高くなり、それまでは見えにくかったものが見えるようになったため、中傷される側は一層されやすくなり、他方では匿名性が高くなり、それまでは言いにくかったことが言いやすくなったため、中傷する側は一層しやすくなった、というわけだ。

その際、透過性を高めるのにとくに役立ったのはブログであり、匿名性を高めるのにとくに役立ったのは掲示板だった。また、ＳＮＳはアカウントごとに切り分けられながら、これら二つの性質をともに高めることになった。そうした条件が複合したことで、両者の間のバランスが崩れ、誹謗中傷が起きやすくなったのではないだろうか。

こうしたことからこの時期を、この現象の第二期として捉えることができるだろう。ネット上の誹謗中傷は、そこでは多数の第三者による行為として位置付けられるようになる。

わがままなファンが推しを叩く

しかしその後、状況はさらに変化していく。バイトテロ騒動が大きな社会問題となり、さらに小泉の事件が起きたことなどから、軽率な投稿を控えるよう啓発活動が進められたこともあり、一般人をターゲットとする誹謗中傷は次第に沈静化していったが、代わってその引き受け手となったのは、とくに芸能人をはじめとする有名人だった。

「会いに行けるアイドル」というコンセプトから出発したAKB48に典型的に見られるように、今般のアイドル、タレント、お笑い芸人などは、身近さや親しみやすさをアピールすることにひときわ注力している。ファンとの距離感を縮め、手が届きそうな存在として自らを呈示することが、ファンとの結び付きを強めることになるからだ。

　そうした彼ら彼女らにとって、ブログやＳＮＳの持つ高い透過性は大きな武器となる。自らの普段の様子をありのままにファンに見せることができるからだ。とりわけインスタグラムが普及し、ビジュアルなコミュニケーションが主流になっていくと、ＳＮＳはそのための最適なツールとなった。

　しかしそこにはもちろんリスクもある。その透過性のゆえに、有名人は何をやってもネタにされてしまうし、一方でその匿名性のゆえに、ファンは何を言っても許されてしまうからだ。そのため頻繁に炎上が起きることになる。

　しかしだからといって自己アピールをやめることは、彼ら彼女らには許されない。そうすることは芸能活動そのものをやめることにもつながりかねないからだ。

　例えば二〇〇九年一月にブログを開設した元「モーニング娘。」の辻希美は、数々の炎上騒動を引き起こし、「何をやっても炎上してしまう」タレントなどと言われるようになる。当時「数えきれないほど泣いた」という辻は、「『もうブログをやめたい』と事務所に言ったことも何十回も」あるというが、それでもやめず、「炎上タレント」としての活動を粘り強く続けるうちに新たな人気を獲得するに至った。

そうしたなかで誹謗中傷の形態も変化していく。それはいわばアンチによるものからファンによるものへと、それも「わがままなファン」によるものへと変化していった。

つまりそれまでの誹謗中傷は、例えば2ちゃんねらーがその「天敵」としての「ヤンキー」や「バカッター」、あるいは尊大な政治家など、彼らとは対極に位置する敵対的な存在をターゲットとしていたことに見られるように、あくまでもアンチの立場から行われるものであり、当然のことながら、嫌いな相手に対して行われるものだった。

しかしその後、この当然が当然ではなくなってしまう。それはむしろファンの立場から、好きな相手に対して行われるものとなる。より正確に言えば、好きな相手、それも熱心に応援している「推し」なのに、ちょっとでも自らの意に沿わないことをすると、たちまち言いがかりをつけ、心ないことを言う。そうした行為が誹謗中傷の大きな部分を占めるようになる。

それはある種のファン心理、とりわけ「わがままなファン」の心理に基づく行為だと言えるだろう。そこでは応援することと中傷することとが表裏一体を成している。

今日、とくに芸能人やスポーツ選手など、人一倍努力していると見られる者が叩かれることが多いのは、その背景にこうした状況があるからなのではないだろうか。つまり彼ら彼女らは人一倍努力しているからこそ、ファンも熱心に応援しているが、その見返りとして、相手が自分の期待どおりに動いてくれることを望むようになる。そのためちょっとでも自らの意に沿わないことをすると、ファンは裏切られたような気持ちになり、あえてひどいことを言う。そうした行為が誹謗中傷となっているのではないだろうか。

だとすれば彼ら彼女らが中傷されるのは、応援されるべき存在であるに**も**かか**わ**らず、ではなく、むしろ応援されるべき存在だ**か**ら**こ**そ、だということになるだろう。

しかも辻のケースなどでは、そうしたファンの行為がパターン化し、一種のエンタテインメントにまでなってしまった。ファンはさまざまな「炎上ネタ」を競い合うようにして探し出し、誹謗中傷のコメントを書き合うことで盛り上がる。誹謗中傷という行為は、そこではファンがタレントを楽しむための消費行動にまでなってしまったのではないだろうか。

こうしたことからこの時期を、この現象の第三期として捉えることができるだろう。ネット上の誹謗中傷は、そこでは「わがままなファン」による行為として位置付けられるようになる。ではその背景には何があるのだろうか。以下、さらに考えてみよう。

共感と反感のパラドクス

ここで木村の事件について詳しく見てみよう。「テラスハウス」の熱心な視聴者はテレビを見るかたわら、出演者のSNSをチェックし、誰が誰にどう反応しているのかを細かく見ていたという。例えば誰が誰と一緒に食事をし、誰に何回「いいね」をし、誰のフォローを外したか、あるいは復活させたか、などなどだ。

その過程で視聴者は、番組の中の出演者の言動に対して自らもさまざまに反応し、出演者の輪の中に入るようにして自らの思いをSNSに書き込んでいく。そうしたなか、出演者同士のちょっとしたいざこざから木村が感情的な態度を取ったことに対して、多くの視聴者が反感を抱き、不快の意を表することになった。

そこに形作られていたのは、出演者と視聴者との関係というよりも、むしろ両者が一体となった疑似的な友達関係だったと言えるだろう。つまり出演者同士の微妙な人間関係の中に、視聴者もまた友達の一人として入り込み、同じ次元でやり合いながら自らの思いをぶつけていく。そうしたなか、仲間の一人の言動が気に障ったことから、それを率直に「ディスる（批判する）」ことになったわけだ。

そうした独特の関係性を可能にしていたのは、出演者も視聴者も含めて、彼ら彼女らの共感性の高さ、それゆえの感情移入の激しさという特質だったと考えられる。つまり視聴者は、出演者の間の出来事をまるで自分自身が体験していることのように感じ、そこに揺れ動いている感情に自らの感情を共振させていく。一方で出演者も視聴者のそうした感情を受け止め、それに自らの感情を同調させていく。

そうした強い共感の磁場の中で、しかしときに、むしろ強い反感が形成されてしまうことがある。というのもそこでは相手との一体感が強まり、それゆえに相手への期待感も強まっているので、自らの意に沿わない言動をちょっとでも見せられると、つい腹が立ってしまうのだろうし、また、相手との距離感がなくなり、それゆえに相手への警戒心もなくなっているので、何を言っても許してもらえるだろうと、ついたかをくってしまうのだろう。

その結果、強い共感は強い反感へと一気に転じてしまうことになる。そうした反転現象は、逆説的ながら、共感の磁場が強ければ強いほど起きやすいものなのではないだろうか。

こうしたことから木村は、思いもかけない誹謗中傷を浴びせられることになったのだろう。しかもその際、この場に固有のアンバランスな性質が事態をさらに悪化させた。というのも木村からすれば、そこにはリアルな友達、すなわち出演者は数人しかいないのに、バーチャルな友達、すなわち視聴者は数百万人もいることになる。通常であれば両者は別の次元の存在であり、入り交じることはないが、しかしそこでは両者がつながり合い、一体化してしまう。そのため木村の耳には、圧倒的多数のバーチャルな友達からの声が、リアルな友達からの声と等価のものとして、それだけに生々しく聞こえていたのではないだろうか。

そこには二重のアンバランスがあったと見ることができるだろう。つまり一方にはテレビに固有のものとして、出演者の少数性と視聴者の多数性という、いわばマスメディア的なアンバランスがあり、他方にはSNSに固有のものとして、出演者の透過性と視聴者の匿名性という、いわばソーシャルメディア的なアンバランスがあった。そうしたなかで出演者も視聴者もともにバランス感覚を失い、異常なまでの誹謗中傷を育んでしまったのではないだろうか。

共感至上主義の風潮

そうした独特の磁場は、もちろん恋愛リアリティショーという番組の構造から生み出されたものだった。等身大のリアリティという設定が視聴者の間に広く共感を呼び、出演者への感情移入を強く促していたことは確かだろうし、それが番組の狙いでもあった。

しかしその一方で、そこに見られる共感志向の強さ、そしてその不安定さという特質は、リアリティ番組という特定の場に限らず、今日のSNS環境の中に広く見られるものなのではないだろうか。

とりわけインスタグラムが普及していった二〇一〇年代半ば以降、とくに若者たちはSNSを通じて自己アピールを繰り広げることで、友達からの共感をいかに得るか、一方で反感をいかに避けるかという命題に必死に取り組んできたように思われる。

彼ら彼女らは自らのユニークな体験をSNSでアピールすることで、友達からの共感を得ようとするが、しかしそうすることで「マウントを取っている」と思われると、かえって反感を買ってしまうので、あえて身近さや親しみやすさを強調し、嫌われないよう努力する。つまり自分を自慢するためのアピールをしながら、一方で自慢しているわけではないというアピールも同時にしなければならないわけだ。そうして共感が反感に転じてしまうことをうまく避けながら、結果として得られた共感の量が、彼ら彼女らの承認欲求を満たすものとなる。

こうした複雑な操作を実行するためにさまざまな技法が開発されていった。写真の撮り方、加工の仕方、フィルタの使い方、ハッシュタグの付け方、などなどだ。

例えばメイクした後の写真に交えてすっぴんの写真を見せ、「ビフォーアフター」をあえて公開することなども、そうした技法の一つとして位置付けられるだろう。つまりメイク写真を見せることで美しさをアピールすると同時に、しかしそれだけでは嫌みに取られてしまうかもしれないので、すっぴん写真を見せることで身近さをアピールし、さらに「ビフォー」から「アフター」に至るための努力の跡を見せることで親しみやすさをアピールする、という具合だ。その結果、反感が生じることを防ぎ、共感の量を最大化することができる。

ただしこうした複雑な技法の開発を主導していったのは、必ずしも一般の若者たちではない。むしろ一部のアイドルやタレントなどの芸能人だった。ファンからの共感をいかに得るか、一方で反感をいかに避けるかという命題は、彼ら彼女らにとっては死活問題だったからだ。

言いかえれば強い共感の磁場を主宰し、その中で共感と反感との生起をうまくコントロールしていくことそれ自体が、ＳＮＳ時代の芸能活動の重要な一部となった。そこで彼ら彼女らは普段の様子を飾りなく見せたり、あるいは恋愛関係をそれとなく「匂わせ」たりするなど、自己アピールのためのさまざまな技法を駆使しながらファンの気を引き、自己プロデュースを実践していく。

しかし共感と反感とは絶えず転態可能な移ろいやすいものであり、その様態を完全にコントロールすることはできない。そのためちょっとした「操作ミス」から炎上が起き、誹謗中傷が飛び交うような事態になってしまうこともよくあった。

こうして二〇一〇年代を通じて、インフルエンサーとしての芸能人と、その影響を受けた若者たちとが一体となり、自己アピールのための複雑なゲームの規則を定め合いながら、共感と反感とが交錯する場を作り上げていった。そこでは共感志向が強く追求されるがゆえに、かえって誹謗中傷が激しく生成されることになる。

お笑い芸人であり、作家でもある又吉直樹の二〇一五年の芥川賞受賞作『火花』には、登場人物の一人が次のように語るくだりがある。「共感至上主義の奴達って気持ち悪いやん？（中略）依存しやすい感覚ではあるんやけど、創作に携わる人間はどこかで卒業せなあかんやろ。他のもの一切見えへんようになるからな」。

しかしその後、二〇一〇年代後半を通じて、「創作に携わる人間」はそこから卒業するどころか、ますます多くのフォロワーを巻き込み、「共感至上主義」の風潮をより強固なものとしていった。その一つの帰結が「テラスハウス」であり、ひいては木村の事件だったのではないだろうか。

共感概念の戦後民主主義的転回

ここで「共感」という語と、この概念の構成についてあらためて考えてみよう。「共に感じる」と記されることに示されているように、まずその最も基本的な意味は、「他者と同じ感情を持つこと」だと定義されるだろう。

同様の意味の語として英語には“sympathy”“empathy”などがあるが、“sym（共に）”と“pathy（感情）”から成る“sympathy”は、「共感」と同様の造語構造を持つものだ。この語はギリシャ語に由来する古い語だが、そこに深い意味を込めて用いたのは、一八世紀の「スコットランド啓蒙」の思想家たちだった。その一人のアダム・スミスによれば、それは「想像によって自分自身を彼の立場に置き、（中略）ある程度まで彼と同じ人物になる」ことで、「彼が感じていることについて一定の観念を形成し、（中略）彼が感じ取っているものに似た何かを感じさえする」ことだという。つまり「他者の立場に身を置き、他者がどう感じているのかを想像すること」だと定義されるだろう。その後、そうした含意をより明確に持つ語として、ドイツ語の“Einfülung（感情移入）”をもとに二〇世紀になって作られたのが“empathy”だった。

一方で日本では、この意味を表す語として「共感」が古くから使われてきたわけではない。思想史家の仲島陽一によれば、「共感」がこの意味で国語辞典に最初に載ったのは一九四九年のことだという。その後、「共感」は急速に普及し、定着していった。

ではそれ以前にこの意味を表していた語は何だったのだろうか。それは主に「同情」だったという。「共感」は戦後になって普及した新しい語だが、「同情」は漢語に由来する古い語であり、戦前は現在の「共感」と同様に、一般的な感情に対して広く使われるものだったという。

しかし「共感」が現れると、一般的な意味はそちらに移行し、「同情」はとくに他者の苦しみや悲しみなど、ネガティブな感情に対して使われるものとなっていく。仲島によれば一九七一年の国語辞典では、「同情」が一般的な意味のみで使われることはなくなっていたという。

こうしたことからすると、とくに一九五〇年代から六〇年代、つまり戦後の復興期から高度経済成長期にかけての時期に、「同情」から「共感」への移行が進み、この概念の再編成が進められていったと見ることができるだろう。その背景には、戦後民主主義的な感覚の浸透という状況があったのではないだろうか。

というのも「同情」というと、恵まれない者に対する恵まれた者からの憐れみや施しが想起され、ある種の上下関係がそこに想定されてしまう。それに対して「共感」は、よりフラットな関係性を含意するものだと言えるだろう。言いかえれば「他者と同じ感情を持つこと」を、「同情」は垂直関係の中で捉えているのに対して、「共感」は水平関係の中で捉えているのではないだろうか。

そのため戦後民主主義的な感覚が浸透していくなかで、どこか封建的な身分関係に結び付いているかのような上下関係のニュアンスから「同情」が嫌われ、「共感」が好まれるようになったのではないだろうか。そこにはこの概念の、いわば戦後民主主義的な転回があったと見ることができるだろう。

共感概念の新自由主義的転回

しかし近年、さらにもう一つの転回がそこに加わることになった。新自由主義的な転回とでも言うべきものだ。

戦後民主主義的な転回の結果、「共感」はそのフラットな水平性のゆえに、深まっていくよりもむしろ広がっていくものとして捉えられるようになったのではないだろうか。「同情が広がる」とはあまり言わないが、「共感が広がる」とはよく言うだろう。そのため「共感」は、感情の主体の複数性、さらに多数性を前提とした概念として理解されるようになる。

そうした理解がとくに二〇〇〇年代以降、新自由主義的な風潮、そして市場主義的な志向と結び付いていったと考えられる。その結果、共感の広がりが一つの市場として量的に捉えられるようになり、それをいかに大きくするか、そこからいかに収益を上げるかという論点が現れてくる。

とりわけ二〇一〇年ごろからＳＮＳが普及していくと、フォロワー数や「いいね」の数などで、共感の広がりを正確に数値化することが可能となった。その結果、共感は計測可能なものとなり、さらに創出可能、調達可能なものとして、感情工学的な操作の対象となっていく。

例えば二〇一一年には、雑誌『ブレーン』三月号の「ソーシャル時代の共感クリエイティブ」、『宣伝会議』四月号の「共感が時代のテーマ」などを嚆矢に、「共感」関連の特集が広告関連の雑誌で続々と組まれていった。その後、そうした議論を実践するかたちでさまざまなメディア企業や、そこで活躍している芸能人、さらにその影響を受けた若者たちが一体となり、「共感の市場化」というプロジェクトを推し進めていく。その結果としてもたらされた「共感至上主義」は、したがって実際には「共感市場主義」を意味するものだったと見ることもできるだろう。

そうしたなかで「共感」の意味そのものが変容を被る。共感を計測し、集計するためには、それを操作的に定義し、より扱いやすい変数として設定しなければならない。そこで「共感」は、実質的には「同感」もしくは「好感」として再定義されることになった。つまり「他者の言動に賛同するかどうか」もしくは「他者の言動を好ましいと感じるかどうか」を表す二値変数だ。「いいね」やリツイートの数は、その集計のための格好の指標となる。

しかしその結果、「共感」の本来の意味が失われてしまったのではないだろうか。それは本来は、かつてスミスが論じたように、「他者の立場に身を置き、他者がどう感じているのかを想像すること」を意味するものだった。言いかえれば他者への想像力に基づき、他者がどう感じているのかを理解することを含意するものだった。

それに対して「同感」や「好感」は、他者の意見や印象への評価に基づき、あくまでも自分がどう感じているのかを表明することを意味するものだ。そこでは他者の感情の中にまで分け入っていくような、「ある程度まで彼と同じ人物になる」というような想像力が求められることはない。

今回の木村の事件では、誹謗中傷を受けることで木村がどう感じているのか、どんな思いをしているのかを想像することが、多くの視聴者には十分にできなかった。強い共感の磁場の中にいながら、しかし他者への想像力を欠き、自分の感情を一方的に表明するばかりだった彼ら彼女らの心性は、ひどくバランスを欠くものだったと言えるだろう。その共感性の高さにもかかわらす、本来の意味での共感力、つまり他者への想像力に基づく理解力という意味でのそれが、そこにはすっかり欠けていたからだ。

そうしたアンバランスな心性は、あるいは共感市場主義の一つの帰結だったのではないだろうか。というのもそこでは共感が、もっぱら集計されるべき資源、調達されるべき財として集合的に扱われ、その担い手はある種の消費者セグメントとして集団的に捉えられる。その中の一つ一つの動きを通じて誰が誰を想像し、何を理解しているのかという点が問われることはない。

先に見たようにネット上の誹謗中傷という現象は、一対一の当事者間のものから多数の第三者によるものへと、それもある種のファン心理に基づく消費行動を意味するものへとその内実を変化させてきた。その経緯は、共感市場主義が共感の構造を作り変え、その担い手の心性を変容させてきた、その経緯と重なり合うものだったのではないだろうか。だとすればこの現象は、共感市場主義から生み落とされた、その負の側面の一つだったと見ることもできるだろう。

古典的自由主義の始祖とされるスミスはかつて、市場主義を論じた『国富論』に先立って『道徳感情論』を著し、共感を通じて公正な社会を構築していくことの必要性を説いた。そこでは共感は市場主義を支えるとともに、それを是正するものとして考えられていた。

ところが今日の新自由主義的な風潮のもとでは、共感は市場主義の中に繰り込まれ、ときにそれを暴走させるものとなってしまっている。そうした点についてわれわれは、われわれ自身の心性の構造を顧みながら、あらためて考えてみるべきなのではないだろうか。

第6章
キャンセルカルチャーの論理と背理

オリンピック直前の辞任・解任騒動

二〇二一年七月、東京オリンピック・パラリンピックの開会式の楽曲の作曲担当者だったミュージシャンの小山田圭吾が辞任するという動きがあった。一九九四年一月号の雑誌『ロッキング・オン・ジャパン』、および九五年八月発行の『クイック・ジャパン』などのインタビュー記事で、十代のころにいじめに関与していたこと、とりわけ障害のある生徒へのいじめに加担していたことを語っていた件が問題視され、それを受けてのものだった。

この件は一部ではかねてより問題視されていたものだったが、小山田が作曲担当者の一人であることを大会組織委員会が七月一四日に発表すると、批判の声があらためてSNS上に広まっていった。小山田は一六日に謝罪文を公表し、それを受けて組織委員会も小山田を続投させることを一七日に発表したが、しかしそうした声が収まることはなく、そのため小山田は一九日に辞任の意を申し出、組織委員会もそれを受理するに至った。

するとその後、同様の事態が立て続けに起きる。翌日の七月二〇日には、関連プログラムに出演することになっていた絵本作家ののぶみが出演を辞退するに至った。二〇〇八年一一月に出版した自伝で、学生時代に「教師いじめ」に関与していたことを語っていた件などが問題視されてのことだった。

さらに開会式前日の七月二二日には、開会式・閉会式の演出担当者だった演出家の小林賢太郎が解任されるという動きが続いた。一九九八年五月に発売されたビデオソフトのコントの中で、「ユダヤ人大量惨殺ごっこ」という表現を用いていた件が問題視されてのことだった。その前日の二一日にある雑誌の編集部がその動画をツイッターに投稿したところ、非難の声が一気に広まっていき、それを受けてのものだった。

こうしてオリンピックの開会直前の一週間で、三人の著名人が次々と辞任・解任に追い込まれることになったわけだが、そうした動きをもたらしたのは、SNSを通じて繰り広げられた告発行為と、その後の多くの人々による糾弾行為だった。

その際、三人がしたことを擁護しようとする声は聞かれなかったが、一方で糾弾のやり方があまりにも一方的なのではないかとして、激しいバッシングの風潮に警鐘を鳴らそうとする声がさまざまに聞かれた。とくに告発の対象となった行為がかなり過去のものだったため、それらをあえて掘り返してきて今さら糾弾することが妥当なのかどうか、その是非が問われた。例えば小山田のケースでは、いじめが行われたのはおよそ四十年前、語られたのは二十七年前であり、また、小林の発言は二十三年前のものだった。

そうしたことから、例えば批評家の東浩紀はツイッターで次のように語っていた。「大昔の発言や行動記録を掘り出してネットで超法規的にリンチするのはよくないと思うので、いくらいじめが嫌いでもこの糾弾には乗れないですね」。

このように著名人の過去の言動を告発し、その点を批判するだけではなく、その人物の活動をボイコットし、はてはその地位を剝奪してしまおうとするような風潮を「キャンセルカルチャー」と呼ぶ。その人物を社会から「キャンセル」してしまおうとするという意味でそう呼ばれている。とりわけリベラリズムの規範を毀損するような言動、つまりジェンダー、エスニシティ、障害などに関連し、弱い立場にある人々の人権を侵害するような言動を行った者がそのターゲットとなることが多い。

この語は二〇一九年ごろからアメリカでよく使われるようになったものだが、とくに二〇年には大統領選挙を背景に、保守派とリベラル派との対立が激化するなかで、一部のリベラル派の過激な動きを批判するために保守派が好んで使うようになったという経緯がある。そうした意味では、「ポリティカルコレクトネス（政治的な正しさ）」などと同様の位置付けにある語だと言えるだろう。

そのためそこにはネガティブなニュアンスが込められることになったが、しかしそれは元来、むしろ社会的弱者としてのマイノリティを擁護する立場から、権力の上にあぐらをかいているマジョリティの横暴な言動を告発し、その特権的な地位を揺るがそうとする動きを意味するものだった。つまり古い価値観や旧来の権力構造をキャンセルすることで、社会を変革していこうとするポジティブな志向がそこには込められていた。

その後、この語は日本でも使われるようになり、しかもアメリカの場合と同様に、その是非をめぐって激しい議論を巻き起こすことになったが、そのきっかけとなったのが今回の一連の騒動だった。この章ではこの問題について考えてみたい。

〈#MeToo〉運動とオバマの懸念

まずアメリカでの動きから見ていこう。「キャンセルカルチャー」という語がよく使われるようになる以前から同様の意味で使われていた語として、「アウトレイジ（憤慨）カルチャー」「コールアウト（糾弾）カルチャー」などがある。

これらはいずれもSNSの普及とともに広まっていった語だが、とりわけ二〇一七年以降、当時のドナルド・トランプ大統領に主導されるかたちで、マイノリティの人権を侵害するような発言が盛んに流布されるようになると、リベラル派からの「憤慨」や「糾弾」の動きが相次ぎ、一つの潮流となっていった。そこから生み出されたのが、この年に始まった〈#MeToo〉運動だったと言えるだろう。

映画プロデューサーのハーヴェイ・ワインスタインにより、数十年にわたって繰り返されてきたセクシャルハラスメントを告発する記事が『ニューヨーク・タイムズ』紙に一〇月に掲載されると、被害者からの告発が相次ぎ、運動が一気に広がっていった。その結果、二〇一八年三月にはワインスタインの会社が経営破綻し、五月には当人が逮捕される。その後、ワインスタインには禁固二十三年の実刑判決が下されるに至った。

一方でその間、同様の動きが他の著名人にも及び、告発の連鎖が大きな広がりを見せていく。俳優のケビン・スペイシー、コメディアンのルイ・C・K、ジャーナリストのチャーリー・ローズ、司会者のマット・ラウアー、音楽家のジェームズ・レヴァインなど、映画、テレビ、アートなどの業界の大物が次々と告発を受け、降板や解雇に追い込まれていった。

彼らがしたことは、とりわけワインスタインのケースでは顕著だが、強姦をはじめとする性的暴行など、明らかな犯罪行為であり、しかもそれを告発したのは、当事者としてのその被害者だった。だとすれば彼らがキャンセルされ、厳罰を受けることになったのは当然の成り行きだと言えるだろう。

その際、キャンセルカルチャーは（当時はまだこの語はあまり使われていなかったが）、被害者に力を与えるもの、彼女らを「エンパワー」するものとなった。つまりそれまでは長年の間、ただ泣き寝入りしているしかなかった彼女らが、この運動の中でようやく声を上げることができるようになり、その結果、強大な権力に守られた彼らをキャンセルすることができたわけだ。

こうした「エンパワーメント」の点にこそ、この動きの本来の意義があると言えるだろう。つまりそれまでは声を上げることができなかった相手にも、SNSを通じて誰かと声を合わせれば何かを言うことができるし、しかも当事者の声ばかりでなく、やはりSNSを通じて耳を傾けている多くの第三者の声もそこに糾合することができる。その結果、巨大な声を作り出し、権力の配置を組み替えることもできる。そのことを実証してみせたのがこの運動だった。

しかしその後、そうした力が空回りしてしまうようなことも多くなる。犯罪行為とは言えず、人権侵害とも言い切れないようなちょっとした失言なども告発の対象となり、しかも最初から当事者ではなく、第三者としてのSNSユーザーから続々と告発が行われるようになる。それはときにハッシュタグアクティヴィズムのかたちを取り、発言者を厳しく追い詰めていった。

エンパワーメントという理念は元来、権力の非対称性という構図を前提とするものだ。

つまり一方に強大な権力があり、他方に権力から疎外されている人々がいるときに、後者に少しでも力を与えることで、両者の間の非対称性を揺るがすことができるという点にその眼目がある。

しかしＳＮＳに駆動されたネット社会のダイナミズムは、権力の布置の不安定化という事態をもたらした。そこではエンパワーされた群衆が、それ自体として一つの権力となってしまうことがある。その結果、キャンセルカルチャーがある種の暴力となってしまうこともある。

そうした点に早くから懸念の意を示していたのが、バラク・オバマ元大統領だった。二〇一九年一〇月に行われたオバマ財団サミットでのスピーチで、過熱していくキャンセルカルチャーを（このときは「コールアウト」という語が使われていたが）、オバマは厳しく批判している。

オバマによれば一部の若者の間には、「変革を起こすためにはできる限り他者に手厳しくしなければならない」という感覚があるという。しかし「それはアクティヴィズムではない」。なぜならそうして「石を投げているだけでは、状況を前に進めることはできない」からだ。

さらにオバマによれば、「他者がいかに間違ったことをしているかをツイートしたり、ハッシュタグで示したりする」のは、「自分がいかに『ウォーク』(「目覚めた者」という意味)かを示す」ためだという。そこで当人は「自己満足し、いい気分になっている」だけだという。

そうしたことからオバマは、「純粋さ、絶対に妥協しないという理念、そして自分は常に政治的に目覚めた者だという意識、それらすべてをわれわれは早急に克服しなければならない」と説いた。

このようにオバマは、キャンセルカルチャーは社会を変革する動きとはなりえないと断じた。それどころかそこでなされているのは、各人の自己満足と自己顕示のための行動だという。つまり自己呈示のためのパフォーマンスということだろう。

BLM運動とハーパーズレター

当時、トランプ大統領に率いられた保守派と対峙し、いわばリベラル派の守護者としての立場にあったオバマから、その一部の動きとしてのキャンセルカルチャーへの批判が表明されたことは大きな話題を呼んだ。とりわけ若い世代はオバマの発言に強く反発し、その一部には、オバマを旧世代の論者と見なして貶めようとする動きも見られた。

しかしその後、そうした議論が十分に展開されることはなかった。というのもコロナ禍が到来し、大きく状況が変わってしまったからだ。

二〇二〇年五月には、コロナ禍が深刻な状況を迎えるなか、一方で大統領選挙を目前に控え、ブラックライブズマター（BLM）運動が大きな盛り上がりを見せていく。左右対立、というよりもむしろ左右分断の状況が激化し、トランプ大統領によるあからさまな締め付けへの反発から、リベラル派の動きは激しさを増していった。そうしたなか、オバマが示したような穏健主義の立場は忘れ去られ、むしろより過激なキャンセルカルチャーが勢いを増していく。

例えば六月初旬には同様の事態が立て続けに起きた。まず六日には、ＢＬＭ運動のスローガンをもじった不謹慎な見出しを記事に付けたとして、『フィラデルフィア・インクワイアラー』紙の編集長が辞任に追い込まれた。また翌日の七日には、抗議デモを誹謗するような右派の上院議員の寄稿を掲載したとして、『ニューヨーク・タイムズ』紙のオピニオン欄の責任編集者がやはり辞任に追い込まれた。さらにこの日には、トランスジェンダー女性を差別するようなメッセージをツイッターに投稿したとして、『ハリー・ポッター』シリーズの作者のＪ・Ｋ・ローリングが炎上に見舞われた。とくにこの件は、映画に出演していた俳優のダニエル・ラドクリフやエマ・ワトソンなど、若い世代の著名人がローリングの発言を批判したことなどもあり、大きな話題を呼んだ。

そうしたなか、七月四日には独立記念日の式典で、トランプ大統領がＢＬＭ運動の一部の動きをキャンセルカルチャーだとして強く非難した。南北戦争で奴隷制の存続を主張していた南部連合の指導者の彫像が撤去されるという動きが各地で相次いでいたことを指してのものだった。以後、この語は、リベラル派の過激な動きを保守派が批判する際の「キラーワード」の一つとなる。

ただしそうした批判は、必ずしも保守派から、つまり対立する陣営の側から出されたものばかりだったわけではない。オバマの発言の場合と同様に、というよりもそれ以上にはるかに深刻な調子で、リベラル派の内部からも、ますます過熱していく動きに警鐘を鳴らそうとする声がさまざまに聞かれた。

そうした声が集約される場となったのが、雑誌『ハーパーズ・マガジン』のウェブサイトに七月七日に掲載された公開書簡だった。「正義と開かれた討論についての手紙」と題され、のちに「ハーパーズレター」と呼ばれることになったこの書簡は、ジャーナリストのトマス・チャッタートン・ウィリアムズを中心に記されたものだったが、加えてそこには一五二人にも及ぶ文化人の署名が付されていた。その中にはノーム・チョムスキー、フランシス・フクヤマ、マルコム・グラッドウェル、スティーヴン・ピンカー、サルマン・ラシュディ、マイケル・ウォルツァーなど、世界的な著名人も数多く含まれていたことから、この件は大きな話題を呼んだ。

この書簡は左右分断の状況の中で、ＢＬＭ運動の意義を高く評価し、あくまでもリベラリズムを支持する側に立ちながら、しかし一方でそこに広がりつつある「不寛容な風潮」を、次のように厳しく批判したものだった。

「過去を清算することは必要だが、一方でそこでは、道徳的な態度や政治的なコミットメントの新しいあり方が強化され、イデオロギー上の一体性が求められている。その結果、開かれた討論の規範や、異なる立場の者への寛容の精神が弱められている」。しかもそうした「息苦しい雰囲気」の中で、「脅迫や報復への恐れから、発言してもよい内容がどんどん狭められている」。その結果、「合意から外れたことを言ったり、熱烈に賛同する姿勢を示さなかったりすると、それだけで職を失う恐れもある」。

そうした風潮に対して彼らが希求するのは、「実験したり、リスクを取ったり、ときには間違いを犯したりすることも許容される文化」であり、「賛同できないことには賛同できないとして、自らに誠実になることのできる状況」だという。

どこか切羽詰まったようなこうした文面からは、左右分断の状況が頂点に達していた当時のアメリカで、キャンセルカルチャーがいかに深刻な状況をもたらしていたかが窺い知れるだろう。

このようにキャンセルカルチャーは、これら一連の経緯を通じて、両極端の二つの相貌をわれわれの前に示すことになった。弱者をエンパワーすることを通じて、権力の非対称性を揺るがすための力を生み出すときには、それは建設的な社会運動の一つとなり、社会を変革する動きとなる。一方で不安定な権力の布置の中で、ウォークとしての自己呈示が連鎖しながらエスカレートしていくと、それは破壊的な群衆行動の一つとなり、個人を抑圧する動きとなる。

リベラリズムの規範、不寛容性、過去の行為の問題化

ここでキャンセルカルチャーの特質、とりわけその思考様式に見られる特質についてあらためて考えてみよう。とくに以下の三つの点が挙げられるのではないだろうか。

まず第一に挙げられるのは、リベラリズムの規範、それも文化的な意味でのそれとの結び付きという点だろう。つまり多様性を重んじ、社会的弱者としてのマイノリティを擁護する立場から、特権的な地位にあぐらをかいているマジョリティを糾弾することで、

古い価値観や旧来の権力構造を否定し、社会を変革していこうとする志向がそこにはある。そのためジェンダー、エスニシティ、障害などに関連し、弱い立場にある人々の人権を侵害するような言動を行った者、とりわけ権力者がそのターゲットとなることが多い。

一方で第二に挙げられるのは、不寛容性という点だろう。リベラリズムの規範に抵触するような行為がなされると、ほんのちょっとしたことであれ、しかも事情のいかんを問わず、厳しい処罰が求められる。そこには情状酌量という考え方が存在しないばかりか、量刑、つまり罪の重さに照らして罰の厳しさを決めるという考え方が意識されることもあまりなく、一律にキャンセルが求められる。

さらに第三に挙げられるのは、第二の点にも関わることだが、過去の行為の問題化という点だろう。つまりどんなに遠い過去になされた行為であっても、昔のことだからといって不問に付されることはなく、しかも当時の事情のいかんを問わず、厳しい処罰が求められる。そこには時効という考え方が存在しないばかりか、過去の行為をあえて掘り返してきて今さら糾弾する、という姿勢がしばしば見られる。

これら三つの特質のうち、第二・第三の点は、キャンセルカルチャーが批判される理由となっているものだ。つまりその不寛容性、そして過去の行為の問題化という点から、それは道理をわきまえない行動だとして一部では強く批判されている。

確かにこれらの点に示されている「厳しさ」は、第一の点に示されている「優しさ」、つまり社会的弱者を助けたいという気持ちとは、どこかそぐわないもののように見える。また、リベラリズムの思想の出発点には、そもそも寛容性を重んじるという考え方があった。だとすれば第二・第三の点は、第一の点と矛盾するものなのではないだろうか。

しかし実際には必ずしもそうではない。第二・第三の点に示されている態度は、第一の点に示されている動機、そしてその根底にあるリベラリズムの規範という準則からすると、むしろ合理的で一貫したものだ。以下、それぞれの点について考えてみよう。

まず第二の点、不寛容性について。元来、寛容性をめぐる議論は、政治学や社会思想の領域で古くから繰り広げられてきたものだが、そこで繰り返されてきた問いの一つに次のようなものがある。寛容な社会を守っていくためには、不寛容な者に対してわれわれは寛容になるべきか、不寛容になるべきか、というものだ。

この問いに一つの答えを与えることになったのが、哲学者のカール・ポパーの議論だった。「寛容のパラドクス」として知られるものだ。それによればわれわれは、不寛容な者に対しては不寛容でなければならないという。そうした人々に対して無制限に寛容にしていると、やがて不寛容な行いが社会に跋扈《ばっこ》するようになり、結果的に寛容な社会が滅ぼされてしまうからだ。

こうした論理を一つの根拠として、キャンセルカルチャーは自らの不寛容性を正当化してきたと言えるだろう。つまり多様性を守るためには、それを脅かそうとする不寛容な者に対してわれわれは不寛容でなければならない。こうしたことからすると、この点、不寛容性という点は、リベラリズムの規範という準則に整合するものだということになる。

次に第三の点、過去の行為の問題化について。古い価値観を否定し、社会を変革していくためには、昔と今との価値観の違いを示さなければならない。そのためには、「昔は許されたけれど今は『ダメ』」というような事例を挙げ、そこに厳しく「ダメ」を突き付けることで、価値観の変化を示す必要がある。そのためそうした事例があえて掘り返されてくることになる。

そうしたやり方に対して、「昔のことなのに」なぜ今さら取り上げるのかという批判を投げかけてみても、あまり意味はない。むしろ「昔のことだからこそ」、今との違いを示すためにあえて取り上げる必要があるからだ。そうすることで「時代が変わった」ことを示すところにこそ、キャンセルカルチャーの眼目がある。こうしたことからすると、この点、過去の行為の問題化という点もまた、リベラリズムの規範という準則に整合するものだということになる。

このように第二・第三の点は、第一の点と矛盾するもののように見えるが、別の見方をすればむしろ整合するものだ。そうした見方からすると、キャンセルカルチャーは道理をわきまえないどころか、むしろ合理的で一貫した行動だということになる。こうした論理が、この動きを支える信条の強さとなっているのではないだろうか。

最初の手段か最後の手段か

ではそうした論理のゆえに、キャンセルカルチャーは無制限に肯定されるべきものなのだろうか。必ずしもそうとは言えないだろう。

ここでポパーの議論にあらためて目を向けてみよう。不寛容な者に対しては不寛容でなければならないとするその考え方は、実は一般的な状況に向けられたものではなかった。そこでポパーが想定していた「不寛容な者」とは、例えば「理性的な議論に耳を傾けないよう支持者に命じたり、拳と銃を用いて議論に応じるよう諭したりする」人々を指すものだ。「すべての議論を非難する」ようなそうした態度をポパーは「不寛容と迫害への煽動」と呼び、それに対しては「法の外側」で、「不寛容に対する不寛容の権利」を主張すべきだと説いたが、しかし一方で「理性的な議論で対抗したり、世論のもとでチェックしたりすることが可能な」場合には、そうすべきではないと論じた。

つまりポパーは、不寛容な者に対しては不寛容でなければならないとする考え方を無制限に支持していたわけではなく、むしろ特定の例外的な場合にのみ、やむなく黙認していたにすぎなかった。すなわち「不寛容と迫害への煽動」に対する場合だ。つまりその人物を放っておけば、不寛容な行いがどんどん広まり、弱者への迫害が大っぴらに行われるような事態になってしまう場合ということだろう。

現代の状況に即して考えてみると、そうした「煽動者」に当たる存在としてまず挙げられるのは、往時のトランプ大統領だろう。あるいは日本の場合には、在日コリアンへのヘイトスピーチを繰り広げていた「在日特権を許さない市民の会（在特会）」など、過激な排外主義者のグループが挙げられるだろう。彼らを放っておけば、レイシズムの風潮がどんどん広まり、差別的な言動が大っぴらに行われるような事態になってしまったのではないだろうか。実際、彼らの支持者が彼らに続き、同様の発言を軽々しく弄するような光景が当時はよく見られた。

しかし小山田や小林、あるいはローリングの場合はどうだろうか。これらの人々は「煽動者」だったのだろうか。やはり彼ら彼女らを放っておけば、障害者へのいじめや少数民族への差別、あるいは性的マイノリティへの偏見がどんどん広まるような事態になってしまったのだろうか。

例えばいじめの様子を面白おかしく語っていた小山田などの場合には、そうした要素も多少は見られたかもしれない。しかし小山田を含め、彼ら彼女らはいずれも、少なくとも「理性的な議論に耳を傾けない」ような人物ではなかったし、ましてやそうした態度を「支持者に命じ」るような「煽動者」ではなかった。

だとすればこれらの人々には、「法の外側」から一斉にキャンセルを訴える前に、まず「理性的な議論」を持ちかけてみるべきだったのではないだろうか。そのうえで、もしも彼ら彼女らがそれに応じず、「すべての議論を非難する」ような態度を取った場合にのみ、そこで初めてキャンセルカルチャーに訴えるべきだったのではないだろうか。言いかえればそれは、議論に応じようとしない相手への最後通牒となるべきものだったのではないだろうか。

例えば〈#MeToo〉運動の場合にも、ワインスタインへの告発は、実際には運動が始まった時点で初めて行われたものだったわけではない。『ニューヨーク・タイムズ』紙には関連する記事が二〇一五年三月に掲載されており、その後、一部の被害者からは散発的に声が上げられていた。しかしそうした動きに一切応じようとせず、説明や謝罪の態度をまったく見せなかったからこそワインスタインは、最終的にキャンセルカルチャーのターゲットとなったのだろうし、またなるべきだったのだろう。

こうしたことからするとキャンセルカルチャーは、いわば「最後の手段」として用いられるべきものなのではないだろうか。逆に「最初の手段」として用いられると、「理性的な議論」の機会が失われてしまうため、それはある種の暴力となってしまう。

というのもそこで問題化される行為には、実際にはさまざまなレベルのものがある。明らかな犯罪行為のケースもあれば、人権侵害のケースもあり、ちょっとした失言のケースもある。しかしキャンセルカルチャーが「最初の手段」として用いられると、量刑のプロセスが省かれてしまうため、すべてのケースに一律にキャンセルが求められることになる。また、答弁のプロセスも省かれてしまうため、求刑内容がそのまま執行されることになる。その結果、東が指摘したようにそれは「超法規的なリンチ」となってしまう。

多様性と多義性、社会の変革と人間の変化

だとすればキャンセルカルチャーは、いかに合理的で一貫した行動であろうとも、やはり無制限に肯定されるべきものではないだろう。というよりもむしろそうした論理のゆえにこそ、と言ったほうがよいかもしれない。というのも人間社会そのものが必ずしも合理的なものではなく、一貫したものでもないからだ。

例えばオバマは先に挙げたスピーチの中で次のように語っていた。「世界は混沌としており、曖昧さに満ちている」。「本当によいことをしている人にも欠点はあるし、一方であなたが敵対している人も、子どもたちを愛しており、あなたと共通するものをさまざまに持っているはずだ」。

このように人間の中には多義性があり、世界の中には曖昧さや複雑さがある。つまり矛盾を抱えながらも共存しているさまざま性向や動向がある。そうした点を一切考慮することなく、ある種の合理性や一貫性のみをあくまでも押し通そうとすれば、キャンセ

ルカルチャーは人間社会の現実から遊離したものになってしまうだろう。

ここであらためて考えてみよう。キャンセルカルチャーの根底にあり、その根本的な動機となっているのは、多様性を重んじる立場から社会を変革していこうとする志向だ。

しかし社会の中の多様性の基礎になっているのは、そもそも個々の人間の中にある多義性だろう。また、社会の中の変革の起点になっているのは、個々の人間の中にある変化の可能性だろう。

したがって多様性を重んじようとするのなら、本来は人間の中にある多義性を認めなければならないはずだ。また、変革を志向しようとするのなら、人間の中にある変化の可能性を見なければならないはずだ。

ところがキャンセルカルチャーはそれらの点に目を向けようとせず、過去に犯した過ちによってその人物の全人生を意味付けてしまおうとする。その人物がほかにどんな面を持っているのか、そしてどんなふうに変わってきたのか、つまり多義性や変化の可能性という点が考慮されることはない。

だとすればそうした態度は、多様性を重んじる立場とも、そして社会を変革していこうとする志向とも、さらに言えばリベラリズムの精神とも、実はどこかで背理しているものなのではないだろうか。

祭りと血祭り

ここでキャンセルカルチャーの特質について、さらに別の面から考えてみよう。とくにその行動様式に目を向けてみると、そこにはある種のイベント性、もしくは儀式性のような要素が強く見られるのではないだろうか。

例えばオリンピック直前の騒動の際には、小山田、のぶみ、小林の件がたった一週間のうちに立て続けに起きた。また、BLM運動に伴う騒動の際には、『フィラデルフィア・インクワイアラー』紙の編集長、『ニューヨーク・タイムズ』紙の責任編集者、ローリングの件がたった二日のうちにやはり立て続けに起きた。さらに〈#MeToo〉運動の場合にも、十人以上にも及ぶ著名人の件がおよそ二か月の間に起きている。

このようにキャンセルカルチャーでは、個々のケースは散発的に起きるのではなく、数日から数か月にわたる特定の期間に集中して起きる。その間、人々は興奮し、熱狂し、沸騰し、次に誰がターゲットになるのかをハラハラしながら見守っている。そして「獲物」が見つかると、マスメディアもソーシャルメディアも一斉にそこに群がり、その人物の過去を暴き立てながら「公開処刑」を執り行う。

そこで繰り広げられているのはある種の「祭り」、というよりもむしろ「血祭り」であり、イベント性と儀式性を強く持った行動だと言えるだろう。そこでは個々のケースがイベントの「出し物」に、個々の人物が儀式の「いけにえ」に当たるものなのではないだろうか。

しかもそうした行動は、実際の「祭り」と連動して繰り広げられることが多い。例えばオリンピック直前の騒動は、東京オリンピック・パラリンピックという一大イベント、さらにその開会式・閉会式という儀式と結び付いたものだった。また、ＢＬＭ運動に伴う騒動は、アメリカ大統領選挙という一大イベントを背景としたものだった。そうした表側の「祭り」の裏側で、マスメディアとソーシャルメディアとが一体となって演出するメディアイベントとして、キャンセルカルチャーによる「血祭り」が繰り広げられることになる。

その際、個々のケースはイベントの「出し物」に当たるものなので、あくまでもそのイベントの枠組みの中で扱われる。つまり誰かをキャンセルしようとする動きがまず最初にあり、そのうえで誰をキャンセルするのかが決められる。そのため個々のケースには、最初からキャンセルカルチャーが適用されることになる。つまり「最初の手段」としてそれが用いられることになる。その結果、それは暴力となり、超法規的なリンチとなってしまう。

元来は「最後の手段」として用いられるべきものであるキャンセルカルチャーが、実際にはほとんどのケースで「最初の手段」として用いられ、多くの物議をかもしていることの背景には、実はこうした事情があるのではないだろうか。

このようにそこには、「祭り」と「血祭り」とが一体となって繰り広げられるような独特の行動様式が見られる。しかしそれは必ずしも新奇なものではない。むしろ人間社会の中に古くから、それも未開社会の時代から存在しているものだ。

社会学者のE・デュルケムはかつてオーストラリアの部族社会の調査に基づき、それを「集合的沸騰」と呼んだ。社会集団が儀式の場で周期的に興奮状態を作り出しながら、「聖なるもの」と「俗なるもの」との区分を作り出すことで、社会規範を作り出していくという行動様式を指すものだ。

その際、そこで執り行われる儀式をデュルケムは、「ポジティブ儀礼」と「ネガティブ儀礼」とに分けて捉えた。前者は「聖なるもの」を通じて人々を互いに結び付けるための儀式、後者はタブーの取り決めにより、「聖なるもの」に触れる資格を問うための儀式だ。

デュルケムのこうした議論を現代の状況にそのまま当てはめることはできないだろう。しかし例えばオリンピックなどの表側の「祭り」が、「聖なるもの」をめぐって繰り広げられる「ポジティブ儀礼」に当たるものだとすれば、一方でキャンセルカルチャーによる裏側の「血祭り」が、タブーの取り決めをめぐって繰り広げられる「ネガティブ儀礼」に当たるものだと考えてみることも、一つの試みとして可能なのではないだろうか。

だとすればキャンセルカルチャーは、人間社会の中に最も古くから存在している行動様式を通じて、リベラリズムという近代的な理念を実現しようとしていることになる。

そうした点にもこの動きの特質が、やはり一つの背理として現れているのではないだろうか。

キャンセルされている人々の手に

ではそうした背理のゆえに、キャンセルカルチャーは無条件に否定されるべきものなのだろうか。この点についても、やはり必ずしもそうとは言えないだろう。というのも「血祭り」としてのそのあり方は、その本来のあり方とはかけ離れたものだと考えられるからだ。

デュルケムによれば人々は集合的沸騰の場で、自分たちがその社会集団の成員であることを確認し合うという。言いかえればそこは、人々が社会の正当な構成員であることを証明し合うための場、さらに言えばマジョリティがマジョリティであることを承認し合うための場となっていると言えるだろう。

しかしキャンセルカルチャーとは元来、むしろマイノリティのためのものだったはずだ。つまり社会の主流の構成員として承認されていない人々が、声を合わせてその存在を主張し、権利を獲得するためのものだった。社会の主流から疎外されているそうした人々は、いわばあらかじめキャンセルされている人々だと言えるだろう。そうした人々をエンパワーするところにこそこの動きの意義があり、可能性があると考えられていた。

ところがいつのまにかマジョリティの手にそれが渡り、その自己承認のために利用されるようになってしまった。そこで人々は、誰かをキャンセルすることで自らの正しさを証言し、自らが社会の正当な構成員であることを証明しようとする。そのために次々と「いけにえ」を探し出してきては「出しもの」を続けることで、その承認欲求を満たそうとする。そこからもたらされたのが「血祭り」としてのそのあり方だと言えるだろう。

このようにキャンセルカルチャーとは、元来はむしろ「キャンセルされている人々」のカルチャーであり、マイノリティのエンパワーメントのためのツールだったにもかかわらず、現在では多くの場合、「キャンセルしようとする人々」のカルチャーとなり、マジョリティの自己承認のためのツールとなってしまっている。

だとすれば必要なことは、それを全否定してしまうことではないだろう。むしろ「キャンセルしようとする人々」の手から「キャンセルされている人々」の手に、つまりマジョリティの手からマイノリティの手にそれを取り返し、その本来のあり方を取り戻すことなのではないだろうか。言いかえればその本来の論理を、数々の背理の中から救い出すことだろう。

このようにキャンセルカルチャーとは、その中にさまざまな論理と背理が幾重にも組み込まれている、矛盾に満ちた動きだ。だからこそわれわれは、集合的沸騰の勢いに呑まれていたずらに興奮したり熱狂したりするのではなく、それらの論理と背理を一つずつ丁寧に切り分けながら、この動きをむしろ慎重に、かつ複眼的に見ていく必要があるのではないだろうか。

あとがき

本書は炎上社会の成り立ちを分析することを目指したものであり、そのあり方を直接的に批判することを目論んだものではない。とはいえ政治的な問題、とりわけイデオロギー対立をめぐるさまざまな問題を扱っている以上、完全に「価値自由」的な立場から議論を進めることもできない。そこで適宜、批判すべきだと思われるところは批判しながら議論を進めてきた。

その際の本書の立ち位置をあえて言うなら、「寛容なリベラリズム」ということになるだろう。そのためそこで批判の対象となっているのは、まず右派的な立場だ。それも文化的なイデオロギーに基づく右派としての新保守主義と、経済的なイデオロギーに基づく右派としての新自由主義（ネオリベラリズム）だ。

一方でそれらとともに、「不寛容なリベラリズム」という立場にも疑問を呈している。

ただしそこで問題となっているのは、リベラリズムの思想そのものではない。むしろそうした立場には、実はネオリベラリズムとの密かな結び付きがあるのではないか、という点が一つの問題提起となっている。

これらの論点を通じて本書では、炎上社会の中でいかにして「寛容なリベラリズム」を維持していくか、さらに発展させていくかという点を緩やかに問いかけてきた。この問いに答えるのが容易なことではないことは周知しているが、しかしそれを理論的に考えるだけではなく、身近な事例に即して具体的に、かつ粘り強く考えていくことで、やがて何らかのヒントが見えてくるのではないだろうか。

ここで本書の成り立ちを振り返っておこう。本書の土台となったのは、二〇二〇年七月号から一一月号にかけて雑誌『中央公論』に連載した論考「現代日本の分断線」だ。各号の記事に大幅に加筆したものに、新たに書き下ろしたものなどを加え、全体の構成としている。それぞれの章の内容の初出は以下のとおりだ。

第1章 「自粛警察と新自由主義」『中央公論』二〇二〇年八月号、中央公論新社

第2章　「SNS浸透の10年、社会の変容」『現代用語の基礎知識・別冊　2011→2020』自由国民社、二〇二一年三月
第3章　「ハッシュタグアクティヴィズムの広がり」『中央公論』二〇二〇年九月号、中央公論新社
第4章　新たに書き下ろし
第5章　「ネット中傷と共感市場主義」『中央公論』二〇二〇年一〇月号、中央公論新社
第6章　「キャンセルカルチャーのゆくえ」『中央公論』二〇二〇年一一月号、中央公論新社

本書の執筆にあたっては、中央公論新社のお二人の編集者にたいへんお世話になった。雑誌連載時にご担当いただいた工藤尚彦さん、書籍執筆時にご担当いただいた疋田壮一さんだ。お二方にあらためて感謝の意を表したい。

参考文献

はじめに

伊地知晋一『ブログ炎上――Web2・0時代のリスクとチャンス』アスキー、二〇〇七年
田中辰雄、山口真一『ネット炎上の研究――誰があおり、どう対処するのか』勁草書房、二〇一六年
Meyer, David S., and Sidney Tarrow, eds., *The Social Movement Society: Contentious Politics for a New Century*, Rowman & Littlefield, 1997

第1章　自粛警察と新自由主義

伊藤昌亮「自粛の社会史」『マス・コミュニケーション研究』第九八号、日本マス・コミュニケーション学会、二〇二一年
苅谷剛彦「『自粛の氾濫』は社会に何を残すか」Voice編集部編『変質する世界――ウィズコロナの経済と社会』PHP新書、二〇二〇年
シュミット、カール『政治的なものの概念』(田中浩、原田武雄訳)未來社、一九七〇年

シュミット、カール『政治神学』（田中浩、原田武雄訳）未來社、一九七一年
総合規制改革会議「中間とりまとめ――経済活性化のために重点的に推進すべき規制改革」内閣府、二〇〇二年（https://www8.cao.go.jp/kisei/siryo/020723/index.html）
髙巖『コンプライアンスの知識〈第三版〉』日経文庫、二〇一七年
辻田真佐憲「多発する『自粛警察』の全貌…背景に『正義の暴走』と『嫉妬の発露』」『現代ビジネス』二〇二〇年五月三〇日（https://gendai.ismedia.jp/articles/-/72910）
内閣官房行政改革推進本部事務局「行政改革大綱」『政府の行政改革』二〇〇〇年（https://www.gyoukaku.go.jp/about/taiko.html）
「司法制度改革推進本部」ホームページ『首相官邸』二〇〇四年（http://www.kantei.go.jp/jp/singi/sihou/index.html）
ハーヴェイ、デヴィッド『新自由主義――その歴史的展開と現在』（渡辺治監訳／森田成也、木下ちがや、大屋定晴、中村好孝訳）作品社、二〇〇七年
モンク、ヤシャ『自己責任の時代――その先に構想する、支えあう福祉国家』（那須耕介、栗村亜寿香訳）みすず書房、二〇一九年
山中恒『ボクラ少国民』辺境社、一九七四年
"Ronald Reagan and Personal Responsibility," *REAGAN.COM*, May 8, 2017,（https://www.reagan.com/ronald-reagan-and-personal-responsibility）[本文中の引用は筆者の翻訳による]

第2章　SNSの倫理と新自由主義の精神

天野彬『シェアしたがる心理――SNSの情報環境を読み解く7つの視点』宣伝会議、二〇一七年

伊藤昌亮「祭りと血祭り――炎上の社会学」川上量生監修『ネットが生んだ文化――誰もが表現者の時代』KADOKAWA、二〇一四年

伊藤昌亮「ネット炎上の政治学」松井広志、岡本健編著『ソーシャルメディア・スタディーズ』北樹出版、二〇二一年

加藤大樹「Twitterにおける炎上の相互作用プロセス――インターネット上の社会的反作用の形成」東京大学大学院学際情報学府修士学位論文、二〇一九年

キツセ、J・I、M・B・スペクター『社会問題の構築――ラベリング理論をこえて』(村上直之、中河伸俊、鮎川潤、森俊太訳)マルジュ社、一九九〇年

ゴッフマン、E『行為と演技――日常生活における自己呈示』(石黒毅訳)誠信書房、一九七四年

「『死ぬまで許して』店つぶした〝バカッター〟らのその後」『週刊女性PRIME』二〇一九年二月二〇日 (https://news.line.me/articles/oa-shujoprime/7bdd2e5349c8)

デュルケム、エミール『社会分業論』上・下(井伊玄太郎訳)講談社学術文庫、一九八九年

デュルケーム、エミール『宗教生活の基本形態――オーストラリアにおけるトーテム体系』上・下（山﨑亮訳）ちくま学芸文庫、二〇一四年
内閣官房行政改革推進本部事務局「行政改革大綱」『政府の行政改革』二〇〇〇年（https://www.gyoukaku.go.jp/about/taiko.html）
永沢茂「若者にとってネットは〝スマホ＋アプリ〟、モラル教育追い付かず炎上の構造」『INTERNET Watch』二〇一三年九月一〇日（https://internet.watch.impress.co.jp/docs/news/614882.html）
西川留美「２０１６年炎上ランキング、『日本死ね』などコメンテーター型が増加」『ダイヤモンド・オンライン』二〇一六年一二月八日（https://diamond.jp/articles/-/110565）
ベッカー、ハワード・S『完訳 アウトサイダーズ――ラベリング理論再考』（村上直之訳）現代人文社、二〇一一年
本宮学「相次ぐ未成年の〝ネット炎上〟事件、就職内定失うケースも　きっかけは『写真投稿』が〝主流〟に」『ITmedia NEWS』二〇一三年九月一〇日（https://www.itmedia.co.jp/news/articles/1309/10/news130.html）

第3章　ハッシュタグアクティヴィズムの光と影

池田謙一、唐沢穣、工藤恵理子、村本由紀子『社会心理学』有斐閣、二〇一〇年

伊藤昌亮『デモのメディア論――社会運動社会のゆくえ』筑摩選書、二〇一二年
「WEB特集 #芸能人 なぜ動いた？ ～政治的発言がもたらすものは～」『NHK NEWS WEB』二〇二〇年六月二六日（https://www3.nhk.or.jp/news/html/20200626/k10012485211000.html）［現在はリンク切れ］
國崎万智「検察庁法改正、著名人の抗議は『勉強せずという人が多い感じ…』（指原さん）↓EXIT兼近さんは『批判することって自由』」『HUFFPOST』二〇二〇年五月一七日（https://www.huffingtonpost.jp/entry/story_jp_5ec0d784c5b601e938724d9f）
五野井郁夫「ハッシュタグと〈現われ〉の政治――空間の秩序を変える直接民主主義について」『現代思想』二〇二〇年一〇月臨時増刊号、青土社、二〇二〇年
田中淳、土屋淳二著『集合行動の社会心理学』北樹出版、二〇〇三年
タロー、シドニー『社会運動の力――集合行為の比較社会学』（大畑裕嗣監訳）彩流社、二〇〇六年
富永京子「社会運動において遅いインターネットは可能か――『速すぎる』ハッシュタグ・アクティヴィズムを弛めるオンライン・プラットフォーム」『遅いインターネット』二〇二一年七月二二日（https://slowinternet.jp/article/20210722/）
鳥海不二夫「#検察庁法改正案に抗議した人は本当はどのくらいいたのか」『note』二〇二〇年五月一一日（https://note.com/torix/n/n507423f17cd）

野宮大志郎編著『社会運動と文化』ミネルヴァ書房、二〇〇二年
Bennett, W. Lance, and Alexandra Segerberg, *The Logic of Connective Action: Digital Media and the Personalization of Contentious Politics*, Cambridge University Press, 2013

第4章　差別と反差別と反・反差別

伊藤昌亮『ネット右派の歴史社会学――アンダーグラウンド平成史1990―2000年代』青弓社、二〇一九年
窪田順生「ナイキのCMをアンチ派が叩けば叩くほど、同社の『得』になる理由」『ダイヤモンド・オンライン』二〇二〇年一二月三日（https://diamond.jp/articles/-/256077）
ケイン樹里安「話題のナイキ広告で噴出…日本を覆う『否認するレイシズム』の正体」『現代ビジネス』二〇二〇年一二月二日（https://gendai.ismedia.jp/articles/-/77893）
鳥海不二夫「NIKEのCMに対してはTwitter上では大きく3つの意見が存在した」『Yahoo! JAPANニュース』二〇二〇年一二月二日（https://news.yahoo.co.jp/byline/toriumifujio/20201202-00210570）
安田浩一「正義感の暴走――先鋭化する在特会とレイシズム」安田浩一、岩田温、古谷経衡、森鷹久『ヘイトスピーチとネット右翼――先鋭化する在特会』オークラ出版、二〇一三年
渡辺靖『白人ナショナリズム――アメリカを揺るがす「文化的反動」』中公新書、二〇二〇年

第5章　誹謗中傷と共感市場主義

「追跡！〝ネット炎上〟木村花さんの死が問いかけるもの」『NHK NEWS WEB』二〇二〇年六月四日（https://www3.nhk.or.jp/news/special/enjyou/static/20200604_04.html）
岡原正幸、安川一、山田昌弘、石川准『感情の社会学――エモーション・コンシャスな時代』世界思想社、一九九七年
児玉澄子「辻希美、15年間で批判の声が〝共感〟に変化　優しいコメント増加に『テストに合格させてもらったのかな』」『ORICON NEWS』二〇二一年九月七日（https//www.oricon.co.jp/special/57283/）
コトラー、フィリップ、ヘルマワン・カルタジャヤ、イワン・セティアワン『コトラーのマーケティング4・0――スマートフォン時代の究極法則』（恩藏直人監訳／藤井清美訳）朝日新聞出版、二〇一七年
「木村花さんが『テラスハウス』出演から亡くなるまで、何が彼女を追い詰めたのか」『週刊女性PRIME』二〇二〇年五月二四日（https://www.jprime.jp/articles/-/17985）
スミス、アダム『道徳感情論』（高哲男訳）講談社学術文庫、二〇一三年
鳥海不二夫「オリンピック選手への誹謗中傷は誰がしているのか」『Yahoo! JAPANニュース』二〇二一年八月一日（https://news.yahoo.co.jp/byline/toriumifujio/20210801-00250771）

仲島陽一『共感の思想史』創風社、二〇〇六年
福田晃一『影響力を数値化 ヒットを生み出す「共感」マーケティングのすすめ』日経BP、二〇一八年
ブルーム、ポール『反共感論――社会はいかに判断を誤るか』（高橋洋訳）白揚社、二〇一八年
又吉直樹『火花』文春文庫、二〇一七年

第6章　キャンセルカルチャーの論理と背理

東浩紀「ツイッター」二〇二一年七月一五日（https://twitter.com/hazuma/status/1415575870958305284）
Alexander, Ella「キャンセル・カルチャー――善を生み出す力なのか、言論の自由を脅かすものか?」（Kanno Mitsuko訳）『Harper's BAZAAR』二〇二〇年七月二四日（https://www.harpersbazaar.com/jp/lifestyle/daily-life/a33316872/cancel-culture-a-force-for-good-or-a-threat-to-free-speech-200724-lift1/）
石田健「キャンセルカルチャーとは何か？ 五輪開会式におけるクリエイターの辞任は『行き過ぎた対応』か」『The HEADLINE』二〇二一年七月二四日（https://www.theheadline.jp/articles/473）

ウォルツァー、マイケル『寛容について』（大川正彦訳）みすず書房、二〇二〇年
ジラール、ルネ『暴力と聖なるもの』（古田幸男訳）法政大学出版局、二〇一二年
デュルケーム、エミール『宗教生活の基本形態——オーストラリアにおけるトーテム体系』上・下（山﨑亮訳）ちくま学芸文庫、二〇一四年
ポパー、カール『開かれた社会とその敵　第一部　プラトンの呪文』（内田詔夫、小河原誠訳）未來社、一九八〇年［本文中の引用は原著からの筆者の翻訳による］
attn, *Twitter*, October 10, 2019, (https://twitter.com/attn/status/1189349299118727168)
Schuessler, Jennifer, and Elizabeth A. Harris, "Harper's Letter: Artists and Writers Warn of an 'Intolerant Climate': Reaction Is Swift," *The New York Times*, July 7, 2020, (https://www.nytimes.com/2020/07/07/arts/harpers-letter.html)
Williams, Thomas Chatterton, *et al.*, "A Letter on Justice and Open Debate," *HARPER'S MAGAZINE*, 2020, (https://harpers.org/a-letter-on-justice-and-open-debate/)

ＤＴＰ／平面惑星

ラクレとは…la clef=フランス語で「鍵」の意味です。
情報が氾濫するいま、時代を読み解き指針を示す
「知識の鍵」を提供します。

中公新書ラクレ
752

炎《えん》上《じょう》社《しゃ》会《かい》を考《かんが》える

自《じ》粛《しゅく》警《けい》察《さつ》からキャンセルカルチャーまで

2022年1月10日発行

著者……伊《い》藤《とう》昌亮《まさあき》

発行者……松田陽三
発行所……中央公論新社
〒100-8152 東京都千代田区大手町 1-7-1
電話……販売 03-5299-1730　編集 03-5299-1870
URL http://www.chuko.co.jp/

本文印刷……三晃印刷
カバー印刷……大熊整美堂
製本……小泉製本

Published by CHUOKORON-SHINSHA, INC.
Printed in Japan ISBN978-4-12-150752-5 C1204

中公新書ラクレ　好評既刊

L671
見えない戦争《インビジブルウォー》
田中 均 著

大国主義（トランプ、習近平）、過激な主張外交（金正恩、文在寅）がポピュリズムに乗じて勢いを増す中、戦火を交えるわけではない「見えない戦争」が世界中で起きつつある。静かに迫り来る「有事」と、牙をむく為政者たちに対し、日本はなすすべがないのか？　日米経済摩擦、日米安保協力・基地返還、北朝鮮外交——交渉によって「不可能」を可能にした、日本外交きっての戦略家が、「見えない戦争」を生き抜くための「眼」とメソッドを伝授する。

L709
ゲンロン戦記
——「知の観客」をつくる
東 浩紀 著

「数」の論理と資本主義が支配するこの残酷な世界で、人間が自由であることは可能なのか？「観客」「誤配」という言葉で武装し、大資本の罠、敵／味方の分断にあらがう、東浩紀の「生き延び」の思想。哲学とサブカルを縦横に論じた時代の寵児は、2010年、新たな知的空間の構築を目指して「ゲンロン」を立ち上げ、戦端を開く。いっけん華々しい戦績の裏にあったのは、予期せぬ失敗の連続だった。ゲンロン10年をつづるスリル満点の物語。

L715
自由の限界
——世界の知性21人が問う
国家と民主主義
鶴原徹也 編

エマニュエル・トッド、ジャック・アタリ、マルクス・ガブリエル、マハティール・モハマド、ユヴァル・ノア・ハラリ……。彼らは世界の激動をどう見るか。二〇一五年のシャルリー・エブド事件から「イスラム国」とアメリカ、イギリスのEU離脱、トランプ米大統領と米中対立、そして二〇二〇年のコロナ禍まで、具体的な出来事を軸とした三八本のインタビューを集成。人類はどこへ向かおうとしているのか。世界の「今」と「未来」が見えてくる。